Sag an, wer ist doch diese

KONKRETE LITURGIE

MAGDALENA WIDMER

Sag an, wer ist doch diese

Marienandachten

VERLAG FRIEDRICH PUSTET
REGENSBURG

Bibliografische Information der Deutschen Nationalbibliothek
Die Deutsche Nationalbibliothek verzeichnet diese Publikation in der Deutschen Nationalbibliografie; detaillierte bibliografische Daten sind im Internet über https://dnb.dnb.de abrufbar.

Gutenbergstraße 8 | 93051 Regensburg
Tel. 0941/920220 | verlag@pustet.de

ISBN 978-3-7917-3505-4

Reihen-/Umschlaggestaltung: www.martinveicht.de
Umschlagbild: Schwarze Madonna, Altötting
Satz: Vollnhals Fotosatz, Neustadt a. d. Donau
Druck und Bindung: Friedrich Pustet, Regensburg
Printed in Germany 2024

eISBN 978-3-7917-6257-9 (epub)

Unser gesamtes Programm finden Sie im Webshop unter
www.verlag-pustet.de

INHALT

EINFÜHRUNG

Von frühester Zeit an fanden Christinnen und Christen in Maria ein Vorbild: für ihre Beziehung zu Christus, für gelingendes Menschsein, für ihre gemeinschaftliche Existenz als Kirche und Mitarbeter:innen am Reich Gottes. Die Mutter Jesu wird verstanden als der exemplarische, der vollendete Mensch. Befreit von der sogenannten Erbsünde, führt sie ein Leben in der denkbar engsten Verbindung zu Jesus Christus, das durch ihre „leibliche Aufnahme in den Himmel" über den Tod hinaus zur Vollendung gelangt.

Das Staunen über diese außerordentliche Frau führte früh zu ihrer Verehrung, und früh wurde sie daher auch als Fürsprecherin bei Gott in allen Nöten, Sorgen, Ängsten und Bedrängnissen angerufen. Das Vertrauen in die Solidarität der Frau aus Nazaret mit den Menschen aller Zeiten spiegelt sich heute noch in Titeln wie „Mariahilf", „Immerwährende Hilfe", „Trösterin der Betrübten" und vielen anderen. Im Glauben an die Fürsprache Marias zeigt sich der Glaube an die Macht des Gebets und die Verherrlichung Gottes, dem allein die Wendung der Geschicke der Menschen zugetraut wird.

Kriege, Terror, Hungersnöte, Umweltkatastrophen, Klimawandel, Krankheiten, Vereinsamung, Missbrauch – die Liste der Ereignisse, die Menschen heute bedrängen und bisweilen an den Rand der Verzweiflung treiben, ließe sich noch weiterführen. Christinnen und Christen vertrauen in diesen Situationen auf die Macht des Gebets, auf die Hilfe Gottes und hoffen auf die Unterstützung ihrer Anliegen durch die Fürbitte Marias.

Marienandachten sind daher heute vielleicht aktueller als seit langem. Sie lassen Menschen zur Ruhe kommen, Kraft finden, um den Krisen zu widerstehen, Solidarität mit der Mutter Jesu und untereinander erfahren, um daraus Hoffnung zu schöpfen, dass sich letztlich doch alles zum Guten wenden wird.

Die hier vorgelegten Marienandachten orientieren sich an den Titeln, die der Mutter Jesu im Laufe der Jahrhunderte als Vorbild, als Helferin und Fürsprecherin verliehen wurden und unter denen sie besonders auch an Wallfahrtsorten angerufen wird.

Ein paar praktische Hinweise:

Die Marienbilder, die den Andachten beigegeben sind, sind im Internet leicht zu finden. Sie sind exemplarisch zu verstehen, d. h. es muss nicht unbedingt das angebotene Bild für die Andacht verwendet werden. Von vielen Bildern gibt es zahllose Kopien und Varianten, die sich häufig in den heimischen Kirchen finden. Um nur ein Beispiel zu nennen: Maria als schwarze Madonna wird nicht nur in Altötting (Deutschland), Einsiedeln (Schweiz), Loreto (Italien) oder Tschenstochau (Polen) verehrt, sondern an vielen anderen Orten und Kirchen, in denen es eine Kopie der entsprechenden Bilder gibt.

In den Modellen werden Lieder vorgeschlagen, die an die Gewohnheiten der eigenen Gemeinde angepasst werden können. Es handel sich dabei sowohl um Lieder aus dem Stammteil des Gotteslobs als auch aus den diözesanen Eigenteilen und aus anderen Liederbüchern. Über https://www.lingualpfeife.de/liederdatenbank/eigenteil können Sie leicht sehen, in welchen Anhängen ein bestimmtes Lied vorhanden ist. Die Datenbank ist aber leider noch nicht ganz vollständig. Die Seite https://www.evangeliums.net/lieder/ gibt Aufschluss, welche Liederbücher ein bestimmtes Lied enthalten.

„SCHWARZ BIN ICH, DOCH SCHÖN“

ANDACHT ZUR SCHWARZEN MADONNA

Schwarze Madonna in der Gnadenkapelle des Klosters Einsiedeln in der Schweiz
15. Jahrhundert. 117 cm hohe Figur aus Lindenholz

ERÖFFNUNG

Lied O Maria, sei gegrüßt (GL 523)

Kreuzzeichen Mit Maria, der Mutter unseres Herrn, sind wir versammelt im Namen des Vaters und des Sohnes und des Heiligen Geistes. Amen.

Einführung Schwarze Madonnen, gemalt oder aus dunklem Holz geschnitzt, gelten als besonders schön. Der Volksglaube sprach ihnen häufig besondere Wundertätigkeit zu. Ein sehr bekanntes Bild der Schwarzen Madonna ist die Ikone aus Tschenstochau, in der die Patronin Polens verehrt wird.
Großer Verehrung erfreut sich auch die Schwarze Madonna in Altötting oder jene im Kloster Einsiedeln in der Schweiz. In zahllosen Kirchen und Kapellen im deutschsprachigen Raum werden Kopien dieser Mariendarstellungen verehrt.
Biblisch steht die Schwarze Madonna in einem Bezug zum Hohelied, wo es in Kapitel 1, Vers 5 heißt: Schwaz bin ich, doch schön, oder vielleicht besser zu übersetzen mit: Schwarz bin ich *und* schön.

Gebet Gütiger Gott, die Mutter Jesu ist auch unsere Mutter geworden. Wir schauen heute auf die Schönheit der Schwarzen Madonna. Wie die Sonne die Haut bräunt, so hat Jesus Christus, die Sonne der Gerechtigkeit, ihr Leben gefärbt. Ihre Schönheit ist der Spiegel ihrer Vollkommenheit. Wir bitten dich, begleite unseren Lebensweg, damit unser Glaube, unsere Liebe und unsere Hoffnung wachsen und die Sonne der Gerechtigkeit auch unser Leben durchdringt. Darum bitten wir durch Jesus Christus.

oder

Gütiger Gott, mit Freude ehren wir die Mutter Jesu, (pilgern wir zur Mutter Jesu) und vertrauen ihr unsere Bitten und Sorgen an. Höre auf die Fürsprache

der Mutter deines Sohnes, die wir hier an heiliger Stätte als Schwarze Madonna verehren. Sie steht im Licht deines Sohnes, und die himmlische Sonne hat sie gebräunt. Lass auch uns in deinem göttlichen Licht stehen und den Weg durchs Leben im Glauben und in der Hoffnung finden. Lass uns deine Liebe zu uns Menschen erfahren. Darum bitten wir durch Jesus Christus, deinen Sohn, unseren Herrn und Gott, der in der Einheit des Heiligen Geistes mit dir lebt und liebt jetzt und in Ewigkeit. Amen.
Vgl. Tagesgebet aus dem MB Marienmessen „Unsere Liebe Frau von Einsiedeln" (S. 447)

WORT-GOTTES-TEIL

Lesung Hohelied 1,3–5a

Gedanken zur Lesung

„Die Sonne hat mich verbrannt". Christus, die Sonne der Gerechtigkeit, das Licht der Welt, ist das Geheimnis der Schwarzen Madonna. Das göttliche Licht hat sie gebräunt. Maria hat also die Farbe ihres Sohnes, der auch schwarz ist. Zwar verehren wir die Mutter Maria, die ihrem Kind Gestalt und Aussehen verliehen hat, doch im Zentrum steht letztlich ihr Sohn. Die Mutter zieht uns zu ihrem Sohn, zu Jesus Christus. Wir haben es in der biblischen Lesung gehört: „Zieh mich her hinter dir", sagt die Braut zum Bräutigam.

Wir verehren Maria am schönsten, wenn wir uns von Christus ziehen und uns in seinem Licht bräunen lassen. Dadurch färbt sich nicht das Äußere unseres Aussehens, sondern das Innere. Unser Wesen, unser Reden und Tun verändern sich, unsere Einstellung uns und anderen gegenüber. Vor dem Bild der Schwarzen Madonna mit ihrem Kind werden Freud und Leid in ein anderes Licht getaucht. In diesem Licht kann es geschehen, dass wir Dinge aus einem anderen Blickwinkel betrachten. Auch unser

Herz wird von dieser Sonne berührt, und wir spüren eine stärkende Kraft in uns, die uns den Alltag meistern hilft.
Wir sind eingeladen, uns immer wieder in das göttliche Licht zu stellen, das von Maria und ihrem Kind ausgeht. Von diesem Licht erfüllt – wie Maria – dürfen wir selber auch Licht sein für Menschen, die uns am Herzen liegen.

Lied

Schönster Herr Jesu (GL 364) *oder*
Die Schönste von allen (GL-Eigenteile der Diözesen)

Meditation

SCHWARZ BIN ICH, DOCH SCHÖN.
Ja, schwarz bist du, Maria, und bezaubernd schön.
Schwarz wie Ebenholz.
Gebräunt vom Licht der Sonne.
Schwarz wie dein Sohn, den du trägst:
Jesus Christus,
die Sonne der Gerechtigkeit,
das Licht der Welt.

Schwarze Madonna, lieblich und schön,
Ebenbild Gottes.
Schwarz auch dein Kind: Jesus Christus,
Gottes Sohn.
Auf dir ruhen Christi Glanz und Schönheit,
Wärme und Güte spiegeln sich in dir,
du Gottes Bild und Abbild.
Wir kommen zu dir, Schwarze Madonna,
in Leid und Schmerz, beladen mit Sorgen,
auch Kummer und Elend sind dir nicht verborgen.
Du, unsere Zuflucht in schweren Stunden
und Trösterin in bitteren Zeiten,
zeigst in dunkler Nacht dein Kind,
den Sohn, den du geboren:
Immanuel, Gott mit uns.

ROSENKRANZGEBET

Lied Maria, wir kommen aus Dunkel und Nacht
(GL-Eigenteile der Diözesen)

Gesätz 3. Geheimnis des freudenreichen Rosenkranzes:
Jesus, den du, o Jungfrau, geboren hast.

Ruf Ave, ave, ave Maria *(Refrain des Lourdeslieds)*

Bittrufe In Dankbarkeit und Freude: Schwarze Madonna,
A in deine Arme schließe mich ein!
In Kummer und Leid:
In Krankheit und Not:
In Einsamkeit und Verlassenheit:
In Geborgenheit und Frieden:
In Streit und Zwietracht:
Im Blick auf meine Mitmenschen:
Im Miteinander und Füreinander:
Im Verzeihen und Vergeben:
Im Scheitern und Zerbrechen:
Im Aufstehen und Weitergehen:
In Zeiten des Umbruchs und Neuanfangs:
In Gebet und Meditation:
In Ruhe und Stille:
In der Stunde des Todes:

Vaterunser

Lied Lied zur Schwarzen Madonna von Tschenstochau
(Liederbücher) *oder*
Wunderschön prächtige (GL-Eigenteile der Diözesen)
oder
Sagt an, wer ist doch diese (GL 531)

ABSCHLUSS

Gebet Guter Gott, in der Schönheit der Schwarzen Madonna erkennen wir die Schönheit der Menschen, wie du sie von Anfang an gedacht hast. Hilf uns umzukehren, damit wir uns immer mehr diesem Urbild angleichen – wie Maria, die Mutter deines Sohnes, unseres Herrn Jesus Christus.

Segenswort Der Segen des Gottes von Sara und Abraham,
der Segen des Sohnes, von Maria geboren,
der Segen der Heiliggeistkraft, die über uns wacht
wie eine Mutter über ihre Kinder,
bleibe mit uns jetzt und in Ewigkeit.
Amen.

Schlusslied Du große Herrin, schönste Frau (GL 648) *oder*
Tochter Zion, freue dich (GL 228)

HÖREN UND ZUHÖREN

ANDACHT ZU MARIAHILF

Gnadenbild Mariahilf in der Dompfarrkirche St. Jakob, Innsbruck
Lucas Cranach der Ältere, nach 1537

ERÖFFNUNG

Lied Meerstern, ich dich grüße, o Maria hilf (GL 524, Strophen 1–3)

Kreuzzeichen Mit Maria, auf deren Fürsprache wir vertrauen, sind wir versammelt im Namen des Vaters und des Sohnes und des Heiligen Geistes. Amen.

Zum Bild Das Gnadenbild *Mariahilf* ist ein Werk von Lucas Cranach dem Älteren, geschaffen nach 1537. Es befindet sich im Hochaltar des Innsbrucker Doms. Schon früh wurden Kopien dieses Bildes angefertigt. In den sich rasch ausbreitenden Maria-Hilf-Wallfahrten spiegeln sich u. a. die Bedürfnisse einer in vielfachen Bedrängnissen lebenden Bevölkerung, die Schutz und Hilfe in schrecklichen Nöten suchten, aber es drückt sich darin auch eine empfindsame Frömmigkeit aus. Die Liste an Kirchen und Kapellen, in denen eine Kopie dieses Bildes hängt, ist lang.

Lucas Cranach hatte das Bild für den sächsischen Hof in Dresden gemalt. Erzherzog Leopold V. brachte es aus Dresden zuerst nach Passau, wo er Bischof war, und dann nach Innsbruck, wo er Regent war. Im Dreißigjährigen Krieg (1618–1648) wurde es bei Marienandachten öffentlich verehrt, und um 1650 kam es in die Innsbrucker Pfarrkirche, den heutigen Dom.

Bedeutende Kopien, die große Wallfahrten begründeten, werden in Passau auf dem Maria-Hilf-Berg verehrt, ebenso in der Wiener Mariahilf-Kirche, in Maria hilf, Amberg, und in der Kirche St. Dionysius in Neunkirchen.

Einführung Wir blicken auf zum Gnadenbild *Mariahilf*. Maria umfängt ihr Kind mit ihren Händen, und unter ihrem Schleier ist es behütet und geborgen. Unverwandt schaut das Kind seine Mutter an. In herzlicher Verbundenheit mit ihrem göttlichen Kind gilt ihr Blick uns. Wir sind gleichsam wie ihr Kind in dieser Herzlichkeit geborgen, in diese Gemeinschaft von Mutter und Kind aufgenommen. Jesus hält sich an seiner Mutter fest, kneift sie zärtlich in die Wange mit der Bitte: Schau mich an! Und Maria schaut mich an, Jesu Schwester, Jesu Bruder. Ihre Hilfe gilt mir. Wie der Blick ihres göttlichen Sohnes auf ihr ruht, so ruht ihr Blick auf allen, die zu ihr aufschauen und um Hilfe bitten.

Gebet Gott, wir verehren Maria als unsere Helferin. Wir bitten dich, höre auf ihre Fürsprache, wenn wir ihr unsere Anliegen anvertrauen und schenke uns und der ganzen Welt deinen Frieden. Darum bitten wir durch Jesus Christus, unseren Bruder und Herrn. Amen.

oder

Tagesgebet aus dem MB Marienmessen „Maria, Hort des Glaubens" (S. 221)

WORT-GOTTES-TEIL

Lesung Ester 4,17k.l–m.r–t *oder* Judit 13,18–20

Gedanken zu Mariahilf

Maria-Hilf-Bilder, -Kapellen, -Kirchen und -Wallfahrtsorte sind beliebte Zufluchtsstätten für Beter und Beterinnen. Mit allen Sorgen und Nöten, in Freud und Leid finden Menschen dort eine Mutter mit ihrem Kind, die zuhören.

Viele Menschen leiden, weil sie kaum jemanden finden, der für sie da ist und ihnen Zeit schenkt. Sie haben es vielleicht schon selber erfahren, dass Ihr Gegenüber nur mit halbem Ohr zuhört. Sie spüren es förmlich, wie die Gesprächspartnerin mit den Gedanken irgendwo anders ist, oder Sie beobachten, wie sie immer wieder verstohlen auf die Uhr blickt. In dieser Atmosphäre ist ein echtes Gespräch nicht möglich. Sie werden sich hüten, ihr Ihr Problem zu offenbaren und es auszubreiten.

Wie tröstlich ist da eine Mutter, die hört, wirklich zuhört. Warum eigentlich sollte diese Frau wirklich hören, uns anhören und ernst nehmen? Sie, die vor 2000 Jahren bescheiden und unauffällig in einer kleinen Provinz am Rande des Römischen Reiches gelebt hat – ausgerechnet sie soll mir zuhören? Ja, ausgerechnet sie wird mir zuhören, weil das Hören ganz zu ihrem Wesen gehört. Das Hören auf die Stimme Gottes und auf die Menschen hat sie geprägt. Als Hörende und Horchende wurde sie immer mehr die Gehorchende und in einem guten und edlen Sinn auch die Gehorsame. Sie ging auf das Wort Gottes ein und diente ihrer Familie als Frau und Mutter.

Durch das Hören und Zuhören lernte sie auch Gott und die Menschen immer besser kennen und verstehen. Sie hat vermutlich als eine der Ersten ihren Sohn richtig verstanden. Ihr Hören und Horchen, ihr Gehorchen führte sie immer näher zu Gott, bis sie schließlich ganz Gott gehörte. Auf diesem Weg will sie uns mitnehmen, bis auch wir – so wie sie – ganz zu Gott und ihrem Sohn gehören. Und jetzt ist sie uns von Gott gegeben, als Frau und Mutter, die uns zuhört. Wie tröstlich: Maria hört, und so ist sie uns eine echte Hilfe.

Kurze Stille

Wechselgebet O Maria, Jungfrau und Gottesmutter,
du blickst uns an und zeigst uns deinen Sohn Jesus Christus,
der wahrer Mensch und wahrer Gott ist.
Er schaut dich an und zeigt uns dich als unsere Fürsprecherin.
Du bist die Hilfe der Christenheit. Voller Hoffnung rufen wir: O Maria, hilf!

V/A O Maria, hilf! Trage unsere Sorgen und Anliegen zu deinem Sohn.

Bitte mit uns für unser Bistum *N.N.*,
dass der Glaube in ihm lebendig sei und wachse;
dass wir mit deinem Sohn von Herzen verbunden bleiben wie du;
dass wir den Glauben der Kirche immer mehr verstehen;
dass wir den dreifaltig-einen Gott um seiner selbst willen lieben und anbeten
und dies auch im Geist der Ökumene tun;
dass wir die Sakramente von Herzen feiern;
dass wir von der Freude des Evangeliums erfüllt sein mögen
und die Evangelisierung leidenschaftlich voranbringen;
dass wir den vielen, die Christus noch nicht kennen, helfen, ihn zu finden.

V/A O Maria, hilf! Trage unsere Sorgen und Anliegen zu deinem Sohn.

Bitte mit uns für unseren Bischof, für alle Priester, Diakone und Ordensleute,
für alle, die im Dienst der Seelsorge, des Religionsunterrichts und in den vielen Bereichen der Kirche, vor allem der Caritas, stehen,
dass der Heilige Geist sie erleuchte und ihnen mit seiner Kraft beistehe;
dass uns geistliche und kirchliche Berufungen geschenkt werden und
dass alle, die sich in Gebetsgruppen, Verbänden, Räten und Einrichtungen der Kirche engagieren, gesegnet seien.

V/A O Maria hilf. Trage unsere Sorgen und Anliegen zu deinem Sohn.

Bitte mit uns für unsere Heimat,
dass wir sie mit der Kraft des Evangeliums zum Wohle aller gestalten,
den Nächsten lieben, einander beistehen und ein gutes Miteinander erstreben;

dass unsere Familien gesegnet seien, die Generationen zusammenhalten, die Kinder und Jugendlichen eine gute Zukunft haben;
dass wir für alle, die arm und krank sind, und für alle am Rand der Gesellschaft hilfreich sind;
dass wir die Schöpfung im Geiste Gottes gestalten;
dass alle, die politische Verantwortung tragen, gute Entscheidungen treffen und dass uns der Frieden erhalten bleibe.

V/A O Maria, hilf. Trage unsere Sorgen und Anliegen zu deinem Sohn.

Hans Bauernfeind

Lied Schweige und höre (GL 433, 2. Strophe)

ROSENKRANZGEBET

Gebet Maria, hilf allen, die sich aufgemacht haben zu dir, allen, die beladen mit Sorgen und allerlei Nöten zu dir ihre Zuflucht nehmen.
Maria, hilf mir und allen, die ich im Herzen zu dir trage. Du zuhörende und horchende Frau, blicke vom Himmel auf uns und bitte für uns bei deinem Sohn. Amen.

Lied Maria, wir preisen mit dir unseren Gott
(GL-Eigenteile der Diözesen) *oder*
Mit dir, Maria, singen wir
(GL-Eigenteile der Diözesen) *oder*
Rosenkranzkönigin
(GL-Eigenteile der Diözesen)

Gesätz 4. Geheimnis des glorreichen Rosenkranzes:
Jesus, der dich, o Jungfrau, in den Himmel aufgenommen hat.

Ruf Ave, ave, ave Maria *(s. S. 13)*

Psalm Psalm 121 (GL 67,1.2)

Vaterunser

Lied Meerstern, ich dich grüße (GL 524, Strophen 4 und 5)

ABSCHLUSS

Gebet Gepriesen sei der Herr, unser Gott, der Himmel und Erde geschaffen hat. Großen und starken Frauen wie Ester und Judit hast du geholfen, ihr Volk aus höchster Not zu retten, weil sie auf dich, ihren Gott, vertrauten und zu dir beteten. Maria, die Mutter deines Sohnes, preist dein Erbarmen, deine Güte, deine Liebe und dein machtvolles Eingreifen in aussichtslosen Situationen. Auf ihre hilfreiche Fürsprache vertrauen wir und bitten dich um deinen Beistand durch Jesus Christus, unseren göttlichen Bruder.

Segenswort Auf die Fürbitte der Mutter Gottes, unserer Helferin,
bleibe gesegnet jedes offene Ohr und jedes offene Herz,
bleibe gesegnet jedes Hören und Horchen,
bleibe gesegnet jedes Gehorchen und Tun,
bleibe gesegnet jede Hilfe der Menschen und Gottes Hilfe –
im Namen des Vaters und des Sohnes und des Heiligen Geistes. Amen.

Schlusslied Lass deine Hilf erfahren, in aller Angst und Not (Volkslied; Liederbücher) *oder*
Freu dich, du Himmelskönigin (GL 525)

WER HAT JE UMSONST DEINE HILFE ANGEFLEHT

ANDACHT ZU UNSERER LIEBEN FRAU VON DER IMMERWÄHRENDEN HILFE

Unsere Liebe Frau von der immerwährenden Hilfe
Ikone in der Chiesa di San Francesco d' Assisi in Monopoli/Italien
Das Original der Ikone wurde im 16. Jahrhundert von Rico di Candia auf der Insel Kreta geschaffen.

ERÖFFNUNG

Lied O Maria, sei gegrüßt (GL 523)

Kreuzzeichen Mit Maria, der immerwährenden Hilfe, sind wir versammelt im Namen des Vaters und des Sohnes und des Heiligen Geistes. Amen.

Zum Bild Die Ikone *Unsere Liebe Frau von der immerwährenden Hilfe* ist eines der bekanntesten und am weitesten verbreiteten marianischen Andachtsbilder. Das Original aus dem 15. Jahrhundert stammt vermutlich von der Insel Kreta. Die Ikone ist auf Nussbaumholz gemalt und wurde im Jahre 1866 von Papst Pius IX. dem Redemptoristenorden anvertraut.
Das mutmaßliche Original befindet sich in der Kirche Sant'Alfonso in Rom. Die Redemptoristen trugen durch ihre volksmissionarische Tätigkeit entscheidend zur Verbreitung des Bildes bei. Millionenfach wurden Andachtsbildchen mit diesem Motiv verbreitet.

Einführung Maria, die Mutter des Erbarmens, sieht den Leidensweg ihres Kindes voraus. Angstvoll umfasst das Kind den Daumen der Mutter, um anzuzeigen, dass es sein Schicksal erahnt. Sein Blick ist nicht auf die Mutter gerichtet, sondern scheint in die Zukunft zu gehen, während seine Hände Halt an der Hand der Mutter suchen.
Die beiden Engel in den oberen Ecken halten Leidenswerkzeuge in den Händen. Erschrocken dreht sich das Kind zu ihnen um. Der Mutter wie dem Kind ist nun der Leidensweg bekannt.

Gebet Guter Gott, du hast Maria als Mutter deines Sohnes und Begleiterin seines Lebenswegs auserwählt. In guten und in schmerzvollen Zeiten war sie an seiner Seite. Wie Jesus begleitet sie auch uns mit ihrer immerwährenden Hilfe, damit uns Schmerzen, Angst und Not nicht überwältigen. Darauf vertrauen wir und darum bitten wir dich durch Jesus Christus, unseren Herrn und Bruder.

oder

O Gott, du hast gewollt, dass die Mutter deines eingeborenen Sohnes die immerwährende Hilfe auf Erden sei. Verleihe uns die Gnade, sie in allen Anliegen des Leibes und der Seele vertrauensvoll anzurufen, damit wir, durch ihren Schutz und Beistand gerettet, zur immerwährenden Anschauung deiner Herrlichkeit gelangen mögen. Durch Christus, unsern Herrn. Amen.

(Aus der Tradition der Verehrung der ‚Immerwährenden Hilfe')

WORT-GOTTES-TEIL

Lesung Jesaja 7,1–14

Gedanken zur Lesung

König Ahas von Juda und seinem Volk droht große Gefahr, denn zwei Herrscher aus angrenzenden Ländern marschieren in kriegerischer Absicht nach Jerusalem. König und Volk fürchten sich und zittern wie Bäume, die im Sturm geschüttelt werden. Da schickt Gott den Propheten Jesaja. Er geht dem König entgegen und richtet ihm aus, was Gott gesagt hat. Nämlich: *Verhalte dich still! Fürchte dich nicht, dein Herz sei nicht verzagt wegen Rezin und Pekach.* Diese bezeichnet er abschätzig als rauchende Holzscheitstummel. Wir verstehen, dass der König da skeptisch bleibt, man weiß ja nie, was diese rauchenden Holzscheitstummel alles anrichten.
Doch der Prophet fährt weiter mit seiner Botschaft: *Glaubt ihr nicht, so bleibt ihr nicht.* Ohne felsenfestes

Vertrauen gibt es keinen festen Stand, keinen Halt, man versinkt und geht unter.
Wir sind also gut beraten, wenn wir immer wieder unser Vertrauen stärken. Gerade deshalb kommen wir zur Mutter von der immerwährenden Hilfe, denn sie selbst kannte Angst und Schmerz nur zu gut. Wir brauchen einen Ort, wo wir zu jeder Zeit anklopfen können, wo wir Halt finden wie Jesus an der Hand seiner Mutter.
In Not und Gefahr fürchten wir uns und zittern vielleicht auch wie Bäume, die im Sturm geschüttelt werden, und der Blick in die Zukunft lässt vielleicht nichts Gutes erwarten. Wir können die Angst in uns nicht einfach wegblasen. Wir können ihr aber unser unerschütterliches Vertrauen entgegensetzen und uns gleichsam an der himmlischen Mutter festhalten. Wir erhalten Beistand, bekommen Stand und können so vieles durchstehen.
Maria und ihr Kind sind ein sicherer Zufluchtsort. Sie sind uns als Zeichen gegeben, dass Gott uns immer begleitet. König Ahas will von einem Zeichen nichts wissen. Er glaubt eben nur an sich selber. Schließlich gibt Gott ihm dennoch ein Zeichen der Hoffnung. Er verheißt ihm einen Sohn mit dem Namen Immanuel. Diese Verheißung gilt auch uns. Im Sohn der Jungfrau Maria ist uns Menschen der Immanuel geschenkt, der Gott-mit-uns. Der Gott, der bleibt, damit wir eine Bleibe und Bestand haben hier und über diese Welt hinaus. Dafür ist Maria das immerwährende Zeichen. Und wenn wir dereinst in dieser Welt keinen Bestand mehr haben und diese Welt für uns untergeht, dürfen wir uns der immerwährenden Hilfe Marias anvertrauen. Maria hilft uns in den Himmel hinauf. Sie begleitet uns zu ihrem Sohn ins himmlische Licht.

Stille

Gebet

Mit den Worten eines uralten Volksgebets wenden wir uns an die Mutter von der immerwährenden Hilfe:

Jungfrau, Mutter Gottes mein,
lass mich ganz dein Eigen sein.
Dein im Leben, dein im Tod,
dein in Unglück, Angst und Not,
dein in Kreuz und bittrem Leid,
dein für Zeit und Ewigkeit.

Jungfrau, Mutter Gottes mein,
lass mich ganz dein Eigen sein.

Mutter, auf dich hoff und baue ich,
Mutter, zu dir ruf und seufze ich,
Mutter, du Gütigste, steh mir bei,
Mutter, du Mächtigste, Schutz mir leih.
O Mutter, so komm, hilf beten mir,
o Mutter, so komm, hilf streiten mir,
o Mutter, so komm, hilf leiden mir,
o Mutter, so komm und bleib bei mir.
Du kannst mir ja helfen, o Mächtigste,
du willst mir ja helfen, o Gütigste,
du musst mir nun helfen, o Treueste,
du wirst mir auch helfen, Barmherzigste.
O Mutter der Gnade, der Christen Hort,
du Zuflucht der Sünder, des Heiles Port,
du Hoffnung der Erde, des Himmels Zier,
du Trost der Betrübten, ihr Schutzpanier.

Wer hat je umsonst deine Hilf angefleht?
Wann hast du vergessen ein kindlich Gebet?
Drum ruf ich beharrlich, in Kreuz und in Leid,
Maria hilft immer, sie hilft jederzeit.
Ich ruf voll Vertrauen im Leiden und Tod,
Maria hilft immer in jeglicher Not.
So glaub' ich und lebe und sterbe darauf:
Maria hilft mir in den Himmel hinauf. Amen.

Altes Volksgebet

ROSENKRANZGEBET

Gebet Guter Gott, durch das Leben, Leiden und Sterben deines Sohnes hast du uns neu das Heil geschenkt. Gib, dass wir auch in schweren Zeiten im Glauben ausharren, und dass wir mit Maria an unserer Seite Angst und Unsicherheiten überwinden lernen. Darum bitten wir dich durch Jesus Christus, unseren Bruder und Herrn. Amen.

Gesätz 1. Geheimnis des schmerzhaften Rosenkranzes: Jesus, der für uns Blut geschwitzt hat.

Ruf Ave, ave, ave Maria *(s. S. 13)*

Bittrufe Grüssauer Marienrufe (GL 568, 1–4)

oder

Litanei Schwester der Menschen (KG 778)

ABSCHLUSS

Gebet Gott, du bleibst deiner Schöpfung und deinen Geschöpfen in Liebe zugewandt. Darauf hat Maria aus Nazaret, die Mutter deines Sohnes, vertraut, und so wird sie uns durch ihr Beispiel zur immerwährenden Hilfe. Lass uns ihrem Beispiel folgen, damit wir wachsen im Glauben, in der Hoffnung und in der Liebe.

Segenswort Auf die Fürbitte Marias, unserer immerwährenden Hilfe, gieße Gott seinen Segen aus,
über alle, die der Hilfe bedürfen,
über alle, die Hilfe leisten,
über alle mit Hilfe reich Beschenkten.
Gesegnet bleibe jedes gute Wort,
jedes fürbittende Gebet,
jedes hilfreiche Schenken und
jedes dankbare Empfangen.

So gieße Gott seinen Segen aus über uns und alle, die wir im Herzen tragen und an die wir denken – im Namen des Vaters und des Sohnes und des Heiligen Geistes. Amen.

Schlusslied Alle Tage sing und sage (GL 526)
oder
Maria, Mutter unsres Herrn (GL 530)

DER HERR HAT GROSSES AN MIR GETAN

ANDACHT ZU MARIA UNBEFLECKTE EMPFÄNGNIS

Unsere Liebe Frau von Lourdes
Marienstatue von Joseph-Hugues Fabisch in der Grotte von Massabielle (1864)

ERÖFFNUNG

Lied Ave Maria klare 1., 2. und 6. Strophe (KG 747; GL Eigenteile der Diözesen)

Kreuzzeichen Mit Maria, die Gott zur Mutter seines Sohnes erwählt und daher vom ersten Augenblick ihres Lebens vor aller Sünde bewahrt hat, sind wir versammelt im Namen des Vaters und des Sohnes und des Heiligen Geistes. Amen.

Einführung Am 8. Dezember 1854 verkündete Papst Pius IX. in seinem Apostolischen Schreiben „Ineffabilis Deus", *dass die seligste Jungfrau Maria im ersten Augenblick ihrer Empfängnis durch ein einzigartiges Privileg des allmächtigen Gottes, im Hinblick auf die Verdienste Jesu Christi, des Erretters des Menschengeschlechtes, von jedem Schaden der Erbsünde unversehrt bewahrt wurde.* Im Jahr 1858 erschien Maria der 14-jährigen Bernadette Soubirous in der Grotte von Massabielle in Lourdes und soll sich bei einer der vielen Erscheinungen am 25. März als *die Unbefleckte Empfängnis* vorgestellt haben. Damit sah man das Dogma, das knapp vier Jahre zuvor feierlich verkündet wurde, bestätigt.

Sowohl Marias einzigartiges Privileg wie auch die wunderbare Erscheinung Marias vor Bernadette sind Geschenke Gottes. Wenn Gott uns auch nicht genau damit begnadet hat, so hat er uns gleichwohl beschenkt. Er hat unser Leben gewollt und uns daher ins Leben gerufen. Er überlässt uns nicht allein auf uns gestellt. Er ist der Immanuel, der Gott mit uns, der uns zur Seite steht und uns auch seine Mutter mit auf den Weg gibt. Wir sind hier zusammengekommen, weil wir mit Vertrauen auf himmlische Hilfe begnadet sind. Darum beten wir voll Vertrauen:

Gebet Gott, du hast uns mit verschiedenen Gaben beschenkt, die uns helfen, unser Leben zu meistern und den Weg zu den Mitmenschen und zu dir zu finden. Auf die Fürbitte der wunderbar beschenkten Jungfrau und Gottesmutter Maria lass uns teilhaben an den Verheißungen deines Sohnes, der mit dir und dem Heiligen Geist auch uns heiligt in Zeit und Ewigkeit. Amen.

oder *Tagesgebet vom 8. Dezember (MB 862)*
oder *Tagesgebet vom 11. Februar (MB 630)*

WORT-GOTTES-TEIL

Alternativ können hier auch die Lesungen und Gedanken zur Lesung aus dem Anhang, S. 103–109, gewählt werden, insbesondere, wenn die Andacht um die Zeit des Hochfests der ohne Erbsünde empfangenen Jungfrau und Gottesmutter Maria (8. Dezember) gefeiert wird.

Lesung Jesaja 61,10

Gedanken zur Lesung

Sich freuen über den Herrn und über sein Walten in Jubel ausbrechen, das überliefert uns bis auf den heutigen Tag auch Marias Magnificat. Gott hat Maria, eine einfache Frau aus Nazaret, wunderbar erwählt und ihr die Aufgabe als Mutter seines Sohnes zugewiesen. Wir alle brauchen eine sinnerfüllende Tätigkeit. Unsere Menschenwürde ist zwar nicht von unserem Tun abhängig, doch wollen wir alle am Schöpfungswerk Gottes Anteil haben und mit unseren Fähigkeiten und Charismen an seinem Schöpfungsplan mitwirken. Das ist ein grundlegendes Bedürfnis unseres Menschseins, das der Schöpfer auch in uns hineingelegt hat.

Von dieser Sehnsucht war auch Bernadette Soubirous erfüllt. In mausarmen Verhältnissen aufgewachsen und ohne Schulbildung erhielt sie von einem Priester Katechismusunterricht. Dieser erzählte

ihr auch von der Marienerscheinung in La Salette im Jahr 1846. Das hat sie tief beeindruckt. Sie ließ sich öffnen und vertraute ihr armseliges und perspektivloses Leben der Führung der himmlischen Mutter an. So konnte Gott in der Tat Großes an ihr bewirken. Sie ließ sich unter anderem von Maria beauftragen, nach einer verborgenen Quelle zu graben, deren Wasser noch heute unzählige Menschen an Leib und Seele heilsam erquickt. Dem einfachen Mädchen Maria aus Nazaret gleich, wurde auch sie berufen, für die Menschen einen heilsamen Ort zu finden und zu schaffen, der bis heute ein Anziehungspunkt für Wallfahrer geblieben ist.
Auch an Bernadette geschah in der Folge Wunderbares: Sie fand einen Weg aus der Bedeutungslosigkeit und dem Elend heraus. Sie fand bei den Mitschwestern im Kloster in Nevers eine Heimstatt. Auch wenn ihr den Berichten zufolge die Mitschwestern das Leben erschwert haben, fand sie doch Trost und Kraft in der Erinnerung an das Übernatürliche, das sie in der Grotte von Massabielle erfahren hatte. Ähnliches erleben tagtäglich auch die Pilger und Pilgerinnen, wenn sie in Lourdes fähig gemacht werden, mit neuer Kraft ihre leiblichen Gebrechen und seelischen Leiden zu meistern, wenn sie ermutigt und gestärkt ihren Heimweg antreten und mit einem neuen Blick in ihren Alltag zurückkehren – oft mit einem Vorrat an Lourdeswasser. Wasser ist ein Symbol der Reinigung und Heiligung, und geweihtes Wasser wird bei Segensgebeten als Zeichen verwendet, dass Gottes Heil wie Regen auf seine Schöpfung herabströmt. Das Taufwasser wäscht uns rein von aller Sünde und schenkt uns unverbrüchliche Gemeinschaft mit dem dreifaltigen Gott. Was in der Taufe an uns geschieht, ist durchaus vergleichbar mit dem Privileg der Sündenlosigkeit, mit dem Gott Maria im Voraus beschenkt hat.

Psalm Psalm 57 (GL 649,5–6; KG 771) *oder*
Canticum Epheser 1,3–10

ROSENKRANZGEBET

Lied Meine Hoffnung und meine Stärke (GL 365)

Gesätz frei formuliertes Geheimnis
Jesus, Gott von Gott, der dich erwählt und geheiligt hat

Ruf Ave, ave, ave Maria *(s. S. 13)*

Bitten Gott hat seine Geschöpfe mit Freiheit und Würde beschenkt. Auf die Fürsprache Marias, die mit ihrem Ja in Gottes Heilsplan einwilligte, bitten wir:
Für alle, die sich Gott und seinem Heilswerk widersetzen, indem sie ein Leben verneinendes Nein leben, Menschen abhängig machen, andere terrorisieren und Kriege anzetteln: dass ihnen Wege zur Einsicht und Umkehr aufgezeigt werden. Herr, unser Gott –

A Wir bitten dich, erhöre uns.
Für alle, die – wie Maria – Gott und den Menschen zugewandt ein Ja leben: dass ihnen dazu die tägliche Kraft im Miteinander, in der Feier der Eucharistie, in Gebet und Meditation geschenkt werde. Herr, unser Gott –
Für alle, die um ein gelebtes Ja ringen: sei es in der Partnerschaft, als Mensch mit einem Handicap, in Krankheit, Alter und angesichts des Todes: dass sie Ermutigung und Zuversicht erfahren. Herr, unser Gott –
Für jede und jeden von uns: dass wir immer wieder neu nach dem Willen Gottes suchen und fragen, ein Ja zu leben bereit sind und so unserer persönlichen Berufung treu bleiben. Herr, unser Gott –
Mit Gnade und Liebe beschenkt, lobpreisen wir den dreifaltigen Gott, der uns in seinen Heilsplan einbezieht in Zeit und Ewigkeit. Amen.

Vaterunser

Lied Magnificat: Den Herren will ich loben (GL 395; KG 760)

ABSCHLUSS

Gebet Gott, in deiner Vorsehung hast du Maria wunderbar erschaffen und erwählt. Auch uns hast du eine einmalige Aufgabe zugedacht, mit der wir an deinem Schöpfungsplan mitwirken dürfen. Lass gelingen, was du uns aufträgst. Heilige unser Tun und Streben und kröne unser Werk mit deinem Segen.

Segenswort Der Segen des dreifaltigen Gottes, der wunderbar über Maria liegt und unter dem wir alle getröstet und gestärkt in unseren Alltag zurückkehren dürfen, reinige und heilige uns im Namen des Vaters und des Sohnes und des Heiligen Geistes. Amen.

Schlusslied Maria, Mutter unseres Herrn (GL 530; KG 766)

MARIA, DIE KNOTENLÖSERIN

ANDACHT ZU MARIA VOM GUTEN RAT

Maria vom Guten Rat, Genazzano
Madonna del Buon Consiglio in der Wallfahrtskirche Genazzano/Italien
Das Werk gilt als Urbild aller in den Augustinerniederlassungen verehrten Bilder der Mutter vom Guten Rat.

ERÖFFNUNG

Lied O Maria, sei gegrüßt (GL 523)

Kreuzzeichen Mit Maria vom guten Rat, der Knotenlöserin in so manchen Verwirrungen und Verworrenheiten, sind wir versammelt im Namen des Vaters und des Sohnes und des Heiligen Geistes. Amen.

Einführung Unsere Wallfahrt (unsere Andacht) steht unter dem Titel: *Mutter vom guten Rat* (lateinisch Mater boni consilii). Wir betrachten das Gnadenbild von Genazzano. Die Wallfahrten zu dem mittelalterlichen Gnadenbild sind seit dem 15. Jahrhundert bezeugt. Leo XIII. (1810–1903) fügte mit dem Dekret Über die allerseligste Jungfrau die Anrufung *du Mutter des guten Rates* in die Lauretanische Litanei ein. Pius XII. (1876–1958) unterstellte sein Pontifikat dem Patronat der Mutter vom guten Rat.

Gebet Gott, du kennst die Gedanken der Sterblichen und weißt, wie ängstlich und unentschieden wir sind. Auf die Fürsprache der seligen Jungfrau Maria, von der dein Sohn die Menschennatur angenommen hat, gewähre uns deinen Rat, damit wir erkennen, was dir gefällt und unser Wirken Halt und Richtung findet. Darum bitten wir durch ihn, Jesus Christus, deinen Sohn, unseren Herrn und Gott, der in der Einheit des Heiligen Geistes mit dir lebt und herrscht in alle Ewigkeit. Amen.

Tagesgebet aus dem MB Marienmessen, „Maria, Mutter des guten Rates“ (S. 209)

WORT-GOTTES-TEIL

Lesung Apostelgeschichte 1,12–14

Gedanken zur Lesung

Manchmal ist guter Rat wirklich teuer, und vielleicht haben Sie sich genau deswegen auf den Weg hierher gemacht. Guter Rat ist teuer, ich weiß mir nicht zu helfen und zu raten …, vielleicht schleichen sich auch noch Gefühle der Ohnmacht, der Machtlosigkeit und schließlich der Resignation ein.
Kann uns Maria raten, die im Kreis der Apostel und Jüngerinnen sitzt und zusammen mit ihnen um den Heiligen Geist betet? Die junge Kirche scheint mir nach Tod und Auferstehung Jesu auch eher ratlos und verloren zu sein. Darum haben sie sich ja auch getroffen, um zu beraten und zu beten in der Hoffnung, dass der gekreuzigte und auferstandene Meister ihnen einen Weg bzw. einen Ausweg zeigen möge. Wie soll es denn ohne ihn weitergehen? Sie werden sich gegenseitig in Erinnerung gerufen haben, was er gepredigt und gelehrt hat, als er mit ihnen durchs Land zog. Doch jetzt sind sie ratlos, und es fehlt ihnen der Antrieb, weil sie nicht wissen, wie die Sache Jesu anzupacken ist.
Ähnlich geht es auch uns häufig. Wir stehen an, treten auf der Stelle, kommen nicht vorwärts, niemand ist da, der weiß, wie die Verirrungen und Verwirrungen, die mich quälen, gelöst werden können. Maria, die wir als Mutter vom guten Rat und als Knotenlöserin verehren, kann uns raten, und wir sind ihrem Rat bereits gefolgt. Denn wie sie in Gemeinschaft mit anderen betet, sind auch wir hier zusammengekommen, um miteinander zu beten, zu bitten, zu danken.
Maria hat viel und oft allein im Stillen gebetet, gelitten, geschwiegen und zugehört. Sie, liebe Anwesende, tun das vermutlich auch. In der Lesung jedoch sehen wir Maria im Kreis der Freunde Jesu. Gemeinsam erinnern sie sich an Jesu Verheißung seines Geistes, der ihnen beistehen, sie an alles erinnern und sie alles lehren wird. Maria, die ganz mit Gottes Geist Erfüllte, bittet um den Geist für alle.

Sie lädt auch uns ein, uns in Gemeinschaft zu begeben und jetzt im Gebet und unterwegs im Austausch mit anderen uns Gottes Geist zu öffnen. Vielleicht können wir erspüren und ertasten, wo der Weg entlang geht, und Knoten beginnen sich zu entwirren und zu lösen. Denn für Gott ist nichts unmöglich, das durfte Maria schon in jungen Jahren erfahren. Mit dieser Erfahrung ist sie herangereift. Ihr Rat weist uns hin auf die Flammen des Geistes, kleine Lichter, die in unserem Alltag aufleuchten, sich auf uns niederlassen, uns erfüllen, packen und aufrütteln, uns ermutigen, aufeinander zu hören, miteinander zu sprechen. Im Geist Christi verstehen wir nämlich einander, und wir fühlen uns verstanden von Maria, von den Mitmenschen – und so können Knoten gelöst werden.

Litanei Lauretanische Litanei (GL 566)

Stille

ROSENKRANZGEBET

Lied Maria, dich lieben (GL 521)

Gesätz 3. Geheimnis des glorreichen Rosenkranzes:
Jesus, der uns den Heiligen Geist gesandt hat.

Ruf Ave, ave, ave Maria *(s. S. 13)*

Bitten Wir folgen dem Rat der Mutter Jesu und wenden uns hilfesuchend an Gott, auf dessen Hilfe wir wie Maria vertrauen:

Ruf Du sei bei uns (GL 182.2)

Für Menschen in Angst und Not, in Krieg und Todesgefahr, auf Um- und Abwegen –

Für Kinder in zerrütteten Ehen, in Heimen, auf der Flucht, in den Slums und auf den Straßen –

Für Jugendliche vor der Berufswahl, auf Stellensuche und im Kreis ihrer Freunde –

Für junge Menschen bei der Standes- und Partnerwahl, vor großen Lebensentscheidungen –
Für Eltern, die ein Kind erwarten, die Kinder erziehen und an einem Zuhause bauen –
Für Alleinerziehende, die von ihren Kindern gefordert und überfordert werden und in verschiedenen Belangen auf Hilfe und Unterstützung angewiesen sind –
Für Betagte und Kranke, für Einsame und Behinderte, für Sterbende und ihre Angehörigen –
Für alle, denen wir unser Gebet versprochen haben, für alle, die uns Kummer und Sorgen machen, für alle, die uns Freude bereiten –

Vaterunser

ABSCHLUSS

Gebet

Alles möcht ich dir erzählen,
alle Sorgen, die mich quälen,
alle Zweifel, alle Fragen,
möchte' ich, Mutter, zu dir tragen.
Wege, die ich selbst nicht kenne,
liebe Namen, die ich nenne,
Schuld, die ich mir aufgeladen,
andern zugefügten Schaden.
Ärgernis, so ich gegeben,
all mein Wollen, all mein Streben,
mein Beraten, mein Verwalten,
mein Vergessen, mein Behalten,
mein Begehren, mein Verzichten
und mein Schweigen und mein Richten.
Alle kleinen Kleinigkeiten,
die so oft mir Müh' bereiten,
jedes Lassen, jede Tat,
Mutter, Dir, vom guten Rat,
leg ich alles in die Hände,
Du führst es zum rechten Ende.
Amen!

Verfasser:in unbekannt

Segenswort Auf die Fürbitte Marias vom guten Rat segne uns der dreifaltige Gott
mit gutem Rat zur rechten Zeit,
mit Feuersgluten, die anstecken und überspringen,
mit geistgewirkter, tiefer Freude,
mit Zuwendung zueinander,
mit neuen Augen, die im Mitmenschen den Bruder, die Schwester erkennen –
im Namen des Vaters und des Sohnes und des Heiligen Geistes. Amen.

Lied Sag ja zu mir … und gib mir deinen neuen Geist (GL-Eigenteile der Diözesen; Liederbücher)
oder
Ein Bote kommt, der Heil verheißt (GL 528)

SOLIDARISCH IM LEIDEN

ANDACHT ZUR SCHMERZENSMUTTER

Pietà (sog. Vesperbild) im Dom St. Peter in Rom
Michelagnolo Buonarroti, zwischen 1498 und 1500 geschaffen

ERÖFFNUNG

Lied Maria, Mutter unsres Herrn (GL 530)

Kreuzzeichen Mit Maria aus Nazaret, der leidgeprüften Mutter unseres Herrn Jesus Christus, sind wir versammelt im Namen des Vaters und des Sohnes und des Heiligen Geistes. Amen.

Einführung Darstellungen Marias mit einem oder sieben Schwertern im Herzen oder die Pietà, das sog. Vesperbild, das Maria mit ihrem toten Sohn auf dem Schoß, nach der Kreuzabnahme, zeigt, sind weit verbreitet. Die vermutlich bekannteste Pietà ist jene von Michelangelo im Petersdom in Rom. Es gibt aber unzählige gemalte Bilder, die Maria mit ihrem toten Sohn darstellen. Auch in verschiedenen Kapellen wird die Schmerzensmutter verehrt.
Seit 1913 begeht die Kirche einen Tag nach dem Fest Kreuzerhöhung – also am 15. September – das Gedächtnis der Schmerzen Marias. Die Verehrung der Sieben Schmerzen Marias kam aber schon im Mittelalter auf. 1814 hat Papst Pius VII. diesen Gedenktag zum Dank für die glückliche Rückkehr aus der Napoleonischen Gefangenschaft offiziell eingeführt.

Gebet Gott, du hast durch den greisen Simeon der Mutter deines Sohnes geweissagt, dass ein Schwert ihre Seele durchdringen werde. Auf die Fürsprache Marias, die wir als schmerzensreiche Mutter aufsuchen, schenke auch uns die Kraft, die Bedrängnisse unseres Lebens zu ertragen und in Schmerz und Leid zusammen mit der allerseligsten Jungfrau und Mutter aufzublicken zu dir und deinem Sohn, der in der Einheit des Heiligen Geistes mit dir lebt und liebt jetzt und in Ewigkeit. Amen.

WORT-GOTTES-TEIL I

Hinführung zu den Lesungen

Der greise Simeon prophezeit der Mutter Maria viele Schmerzen, die ihr wie ein scharfes Schwert ins Herz schneiden – und blickt damit voraus auf die Sorgen und Nöte einer Mutter, die das Leben ihres Sohnes begleitet. In der Volksfrömmigkeit werden sieben Schmerzen Marias betrachtet, die wir nun miteinander bedenken. Dabei nehmen wir auch die Schmerzen und Sorgen in den Blick, die uns – nebst viel Erfreulichem – unsere Kinder und Enkelkinder gelegentlich bereiten.

Gesang Grüssauer Marienrufe: Von den sieben Schmerzen (GL 568.9)

Lesung Lukasevangelium 2,27–35

Gedanken zur Lesung

Die Eltern bringen das Kind in den Tempel und weihen es – gemäß dem Mosaischen Gesetz – Gott.

Sie, liebe Anwesende, haben Ihr Kind/Ihre Kinder vermutlich auch zur Kirche gebracht, zur Taufe. Das war für Sie ein froher Festtag, und als Ihr Kind größer wurde, nahmen Sie es mit in den Gottesdienst, begleiteten es zur Erstkommunion, zur Firmung.

Vielleicht mussten Sie mit den Jahren schmerzlich erfahren, dass eines Ihrer Kinder kaum noch den Weg zur Kirche sucht. Sie haben Ihre Tochter, Ihren Sohn christlich erzogen. Das war Ihnen ein großes Anliegen, und nun schmerzt Sie die Distanz Ihres Kindes zur Kirche sehr. Wir bitten mit Ihnen Maria um Kraft und Zuversicht. –

Stille – oder
Ruf Mutter Gottes, wir rufen zu dir (GL 568, Kehrvers)

Lesung Matthäusevangelium 2,13–14: Flucht nach Ägypten

Gedanken zur Lesung

Jesus ist in großer Gefahr, in Lebensgefahr. – Vielleicht mussten Sie miterleben, wie eines Ihrer Kinder oder Enkelkinder in Lebensgefahr geriet, durch eine schwere Krankheit, durch einen Unfall, in der Drogenszene, bei riskanten Sportarten. Sie bangten um sein Leben und durchwachten Nächte, Kummer und Sorgen stiegen schier ins Unermessliche.

Stille – oder
Ruf Mutter Gottes, wir rufen zu dir (GL 568, Kehrvers)

Lesung Lukasevangelium 2,41–48: Der zwölfjährige Jesus im Tempel

Gedanken zur Lesung

Jesus ist unauffindbar verschwunden. – Sie sorgen sich, wenn die heranwachsende Tochter nicht zur vereinbarten Zeit nach Hause kommt, wenn der Sohn sich von seiner Weltreise Ihrer Ansicht nach zu selten meldet. Vielleicht mussten Sie tatsächlich schon eines Ihrer Kinder suchen, sogar als vermisst melden, der Schrecken sitzt ihnen dann noch lange in den Gliedern. Mögen Sie auch nach solch einschneidenden Erlebnissen auf die Fürbitte der Mutter Jesu wieder Vertrauen gewinnen, um mit neuer Zuversicht weitergehen zu können.

Stille – oder
Ruf Maria, wir rufen zu dir (GL 568, Kehrvers)

ROSENKRANZGEBET I

Lied Maria, wir kommen aus Dunkel und Nacht (GL-Eigenteile der Diözesen, 1. und 4. Strophe)

oder

Rosenkranzkönigin (GL-Eigenteile der Diözesen, Strophe 1 zum freudenreichen Rosenkranz)

Gesätz 4. Geheimnis des freudenreichen Rosenkranzes: Jesus, den du, o Jungfrau, im Tempel aufgeopfert hast.

Ruf Ave, ave, ave Maria *(s. S. 13)*

5. Geheimnis des freudenreichen Rosenkranzes: Jesus, den du, o Jungfrau, im Tempel gefunden hast.

Ruf Ave, ave, ave Maria *(s. S. 13)*

WORT-GOTTES-TEIL II

Lesung Lukasevangelium 23,27–28: Auf dem Kreuzweg begegnet Jesus seiner Mutter

Gedanken zur Lesung

Zusammen mit den Töchtern Jerusalems weint und klagt auch Jesu Mutter Maria.

Es gibt viele Gründe, um eigene Kinder zu klagen und zu weinen. Diese Erfahrung bleibt wohl keinen Eltern erspart. Wir sind alle irgendwie konfrontiert mit beklagenswerten und traurigen Kinderschicksalen, die uns unter die Haut gehen.

Stille – oder
Ruf Maria, wir rufen zu dir (GL 568, Kehrvers)

Lesung Johannesevangelium 19,25–27: Maria steht unter dem Kreuz ihres Sohnes

Gedanken zur Lesung

Maria musste beim Kreuz ihres Sohnes standhalten, aushalten und durchstehen.

An einem Sterbebett aushalten und dem Sterbenden nahe bleiben, ist für ihn tröstlich. Es ist oftmals das Einzige, was wir noch tun können. Wer das Sterben eines eigenen Kindes miterleben muss, der oder die stirbt gleichsam mit. In diesem Schmerz braucht eine Mutter, ein Vater Arme, die auffangen und bergen. Jesu Mutter findet in ihrem Schmerz Geborgenheit in den Armen des Jüngers Jesu.

Stille – oder
Ruf Maria, wir rufen zu dir (GL 568, Kehrvers)

Lesung Lukasevangelium 23,52–53: Jesus wird vom Kreuz abgenommen (und in Marias Schoß gelegt)

Gedanken zur Lesung

Wem ist dieses Bild nicht vertraut: die Mutter mit dem toten Sohn auf ihrem Schoß, das Vesperbild, die Pietà. Das Bild spricht für sich, auch wenn es im biblischen Text nicht ausdrücklich vorkommt.
Es ist das Allererste, das eine Mutter tut: Sie trägt ihr Kind in ihrem Schoß. Und nach der Geburt wird sie es in ihren Armen halten, ihm Geborgenheit und Wärme schenken, ihm ihr Gesicht zuwenden. Ihre Augen leuchten im Blick auf ihr Kind. Jetzt ist alles umgekehrt: Die Augen ihres Kindes sind erloschen und ihre Augen blicken mit Tränen verschleiert ins Unfassbare. Wärme und Geborgenheit sind dem Verbleichen und der Totenstarre gewichen. Bleich und leblos liegt ihr Sohn auf ihrem Schoß. Es gilt Abschied zu nehmen für diese Welt, loszulassen für immer – abzulegen in Gottes Verheißung eines neuen Lebens.

Stille – oder
Ruf Maria, wir rufen zu dir (GL 568, Kehrvers)

Lesung Markusevangelium 15,46–47: Jesus wird ins Grab gelegt

Gedanken zur Lesung

Maria und die Frauen müssen auch vom toten Jesus, von seinem Leichnam Abschied nehmen.

Vor das Grab Jesu wird ein Stein gewälzt. Vielleicht erinnern Sie sich an jenen Moment, als ein lieber Verstorbener ins Grab gesenkt und der Sarg oder die Urne mit Erde zugedeckt wurde. Die Mutter Erde nimmt die Toten wieder auf. Auf dem Grab blühen oft Blumen als Zeichen liebender Verbundenheit über Tod und Grab hinaus. Ein verstorbenes Kind behält seinen Platz im Herzen der Mutter – für immer.

Stille – oder

Ruf Maria, wir rufen zu dir (GL 568, Kehrvers)

ROSENKRANZGEBET II

Lied Maria, mit dir lass uns gehen (GL-Eigenteile der Diözesen, 1., 5. und 6. Strophe)

oder

Rosenkranzkönigin (GL-Eigenteile der Diözesen, Strophe 2 zum schmerzhaften Rosenkranz)

Gesätz 4. Geheimnis des schmerzhaften Rosenkranzes: Jesus, der für uns das schwere Kreuz getragen hat.

Ruf Ave, ave, ave Maria *(s. S. 13)*

5. Geheimnis des schmerzhaften Rosenkranzes Jesus, der für uns ist gekreuzigt worden.

Ruf Ave, ave, ave Maria *(s. S. 13)*

Lied Christi Mutter stand mit Schmerzen (GL 532)

ABSCHLUSS

Besinnung

STABAT MATER
Jesus, werde ich glauben können
wie deine Mutter,
wenn alles fraglich wird?
Werde ich bleiben können
wie deine Mutter,
wenn alle dich verlassen?
Werde ich schenken können
wie deine Mutter,
wenn das Liebste von mir gefordert wird?
Werde ich stehen können
wie deine Mutter,
wenn Leid mich niederdrückt?
Stabat Mater
Ihr Stehen gebe mir Stand

Marie-Luise Langwald

Stille

Segenswort

Auf die Fürbitte der Schmerzensmutter stärke uns der dreifaltige Gott mit seinem Segen auf allen Wegen, in Freud und Leid, in Schmerz und Krankheit, in Verlassenheit und Trauer, im Leben und Sterben – im Namen des Vaters und des Sohnes und des Heiligen Geistes. Amen.

Schlusslied

Lasst uns erfreuen herzlich sehr (GL 533)

ANFANG EINER NEUEN SCHÖPFUNG

ANDACHT ZU UNSERER LIEBEN FRAU VOM SIEG

Maria vom Siege in der Pfarrkirche St. Georg, Bermatingen im Bodenseekreis Joseph Anton Feuchtmayer (1696–1770) zugeschrieben

ERÖFFNUNG

Lied Ave Maria klare (GL-Eigenteile der Diözesen)

Kreuzzeichen Im Zeichen Unserer Lieben Frau vom Sieg sind wir versammelt im Namen des Vaters und des Sohnes und des Heiligen Geistes. Amen.

Einführung Das Motiv „Maria vom Siege" versinnbildlicht die Bestimmung Gottes nach dem Sündenfall in Gen 3,15, dem sogenannten Protoevangelium: Maria setzt ihren Fuß auf den Kopf der Schlange (Gen 3,15). In anderen Darstellungen wird die Schlange vom Sohn Marias mit einer Lanze tödlich am Kopf getroffen – ein Zeichen des Sieges über das Böse und die Sünde.

Die Skulptur in der Pfarrkirche von Bermatingen wird Joseph Anton Feuchtmayer 1696–1770 zugeschrieben. Er war ein bedeutender Stuckateur, Bildhauer, Altarbauer und Kupferstecher des Rokoko, der im Gebiet um den Bodensee in Süddeutschland und in der Schweiz tätig war.

Theologisch ist das Motiv der siegreichen Mutter im Dogma von der ohne Erbschuld empfangenen Jungfrau und Gottesmutter Maria verankert.

Historisch steht der Titel „Maria vom Siege" in Verbindung mit den Türkenkriegen des 16. Jahrhunderts. Der Sieg in der Schlacht von Lepanto 1571 gegen die Osmanen wird der Hilfe der Muttergottes zugeschrieben. Papst Pius V. (reg. 1566–1572) nennt sie daraufhin *Obsiegerin gegen die Türken*. Im folgenden Jahr nahm Papst Gregor XIII. den ersten Sonntag im Oktober als Gedenktag *Unserer Lieben Frau vom Sieg* in den römischen Kalender auf. 1573 wurde es in das Fest *Unsere Lieben Frau vom Rosenkranz* umbenannt. Seit 1913 wird es am 7. Oktober begangen.

Das Patrozinium „Maria vom Siege" geht auf die Schlacht von 1620 am Weißen Berg bei Prag zwischen der katholischen Liga und den Protestanten zurück. Ein Karmeliterbruder soll ein Bild mit der

Heiligen Familie (Jesus, Maria und Josef) mit sich getragen haben, das den Katholiken zum Sieg verhalf. Das Bildnis wurde in die für die Karmeliter neu errichtete Kirche in Rom transportiert und am Hauptaltar angebracht. Seitdem wird dort das Patrozinium *Maria vom Siege, Santa Maria della Vittoria*, gefeiert.

Gebet

Gott, dein heiliger Geist hat Maria aus Nazaret durchdrungen und sie zum Anfang der neuen Schöpfung gemacht. Hilf uns, dass wir uns nach ihrem Vorbild von ganzem Herzen erneuern lassen durch das Evangelium, und lass uns das neue Gebot der Liebe leben. Darum bitten wir durch Jesus Christus, deinen Sohn, unseren Herrn und Gott, der in der Einheit des Heiligen Geistes mit dir lebt und herrscht in alle Ewigkeit. Amen.

Vgl. Tagesgebet aus dem MB Marienmessen „Maria, die neue Frau" (S. 128)

WORT-GOTTES-TEIL

Lesung Genesis 3,14–15

Gedanken zur Lesung

Nachdem Eva und Adam von der verbotenen Frucht des Baumes gegessen hatten, sprach der Herr zur Schlange: „Feindschaft setze ich zwischen dich und die Frau, zwischen deinen Nachwuchs und ihren Nachwuchs. Er trifft dich am Kopf und du triffst ihn an der Ferse".

Also schon im dritten Kapitel der Bibel wird verheißen, dass der Nachwuchs der Frau der Schlange den Kopf zertreten wird. Für uns Christen ist das ein Vorausbild für Maria mit ihrem Kind. Der Nachwuchs der Jungfrau Maria wird der Schlange den Kopf zertreten, wird das Böse besiegen. Das Böse im Bild der Schlange wird dem Kind der Frau nachstellen, es an der Ferse treffen. Die teuflische List trifft

auch Jesus, der in der Wüste vom Teufel versucht wird. Die teuflische Bosheit der Menschen beschert ihm schließlich den Tod am Kreuz.
Aber hier hat Gott, der Herr, das letzte Wort. Er holt seinen Sohn aus dem Tod. Die todbringende Sünde ist besiegt durch die Liebe Christi. Gottes Liebe ruft die Menschen ins Dasein, und Gott schenkt uns Menschen seine Liebe bedingungslos. Gott bleibt mit seiner Liebe seiner Schöpfung, seinen Geschöpfen vom ersten Schöpfungsmorgen an unverbrüchlich zugewandt. Auch die Bosheit der Menschen setzt seiner Zuwendung keine Schranken. Die Schlange als Bild für das Böse ist besiegt. Das Kind der Jungfrau Maria hat uns vorgelebt, dass Gott ein Gott mit uns und für uns ist und bleibt, denn Gott lässt seine Sonne aufgehen über Bösen und Guten und lässt regnen über Gerechte und Ungerechte. Keines seiner Worte und keine seiner Taten hat Jesus zurückgenommen, nein, im Gegenteil: Seine grenzenlose und bedingungslose Zuwendung bleibt für alle Zeit. Auch im Kreuz Christi und in seiner Auferstehung und darüber hinaus offenbart sich Gott bleibend und endgültig als Gott für uns und mit uns.

Lied Jungfrau und Mutter (Liederbücher) *oder*
Wunderschön prächtige (GL-Eigenteile der Diözesen)

ROSENKRANZGEBET

Lied Maria, wir preisen mit dir unsern Gott (GL-Eigenteile der Diözesen, 1. und 6. Strophe) *oder*
Rosenkranzkönigin (GL-Eigenteile der Diözesen, Strophen zum glorreichen Rosenkranz)

Gesätz frei formuliertes Geheimnis:
Jesus, den Sieger über Sünde und Tod

Ruf Ave, ave, ave Maria *(s. S. 13)*

Litanei	Vom Sieg Christi, des Sohnes der Jungfrau Maria
V/A	Herr, erbarme dich.
V/A	Christus, erbarme dich.
V/A	Herr, erbarme dich.
V	Christus, höre uns.
A	Christus, erhöre uns.
V	Gott Vater im Himmel,
A	erbarme dich unser.
	Gott Sohn, Erlöser der Welt
	Gott Heiliger Geist
	Heilige Dreifaltigkeit, ein einiger Gott
V	Heilige Maria, selige Jungfrau
A	bitte für uns.
	Frau, mit der Sonne bekleidet
	den Mond unter deinen Füßen
	bekränzt mit zwölf Sternen
V	Heilige Maria, Mutter Gottes
A	bitte für uns.
	Fürbitterin in Gefahr und Not
	Fürbitterin in Krieg und Katastrophen
	Fürbitterin in jeder Versuchung
	Fürbitterin der Sünder
V	Heilige Maria, Mutter der Menschen
A	bitte für uns.
	Zuflucht aller, die sich ängstigen
	Zuflucht aller, die sich verloren fühlen
	Zuflucht aller, die Geborgenheit suchen
	Heilige Maria, siegreiche Helferin
Lied	Ein Bote kommt, der Heil verheißt (GL 528)

ABSCHLUSS

Gebet Mit den Worten des heiligen Albertus Magnus ehren wir Maria:
Heilige Maria, Mutter Gottes, sei mit Verehrung überall gegrüßt, du Werk Gottes zur hohen Bewunderung für die Engel wie für die Menschen!
Denn wunderbar ist dein Wesen und überaus preiswürdig die Gnade, die du vor Gott gefunden hast; und himmlisch erstrahlt die Glorie, mit welcher Gott dich schmückte für alle Ewigkeit. Amen.

Hl. Albert der Große

Segenswort Auf die Fürbitte Marias, der siegreichen Helferin aller, die zu ihr pilgern,
segne uns Gott, uns Vater und Mutter,
segne uns Jesus Christus, der Sohn der Jungfrau Maria,
segne uns der Heilige Geist, der uns in Gottes Liebe eintaucht und neues Leben schenkt. Amen.

Lied Mit dir, Maria, singen wir (GL-Eigenteile der Diözesen)

VERHEISSUNG UND ERFÜLLUNG

ANDACHT ZU MARIA SCHNEE

Salus Populi Romani
Ikone in der Basilika Santa Maria Maggiore in Rom
Ursprüngliche Form aus der Spätantike,
im 13. Jahrhundert übermalt

ERÖFFNUNG

Lied Ein Bote kommt, der Heil verheißt (GL 528)

Kreuzzeichen Mit Maria, der Mutter Gottes, sind wir versammelt im Namen des Vaters und des Sohnes und des Heiligen Geistes. Amen.

Einführung Maria Schnee dürfte einer der eigenwilligsten Titel für eine Wallfahrt zur Gottesmutter sein. Wie so oft klärt die Legende das Mysterium: Demnach erschien Maria zugleich einem kinderlosen Ehepaar, das die Muttergottes als Erbin einsetzen wollte, und Papst Liberius mit dem Wunsch, ihr eine Kirche zu bauen an der Stelle, an der am kommenden Morgen Schnee liege. Und tatsächlich: Papst und Volk fanden am 5. August 363 in Rom eine Stelle mit Schnee. Sofort ordnete Papst Liberius den Kirchenbau an, den das Ehepaar bezahlte. Unter Papst Xystus III. wurde die Kirche restauriert und 435 zur Erinnerung an das Konzil von Ephesus (431), bei dem für Maria der Titel *Gottesmutter* ausdrücklich bestätigt wurde, der Gottesmutter geweiht.
Das Gnadenbild, das in der Kirche *Santa Maria Maggiore*, der größten Marienkirche Roms und eine der Papstbasiliken, verehrt wird, trägt den Titel „Salus populi romani" – Heil des römischen Volkes.

Gebet Herr, unser Gott, du hast die Verheißungen erfüllt und die selige Jungfrau Maria auserwählt. Gib uns die Kraft, ihrem Beispiel zu folgen, wie sie das Ja-Wort im Alltag zu leben und in Demut den Mitmenschen zu dienen. Marias Ja war für uns der Anfang des Heils, das uns durch Christus geschenkt ist, der mit dir und dem Heiligen Geist lebt und liebt jetzt und in Ewigkeit. Amen.

WORT-GOTTES-TEIL

Lesung Lukasevangelium 1,26–38

Meditation zur Lesung

WIE WAR DAS, MARIA?
Maria
warum ist der Engel
ausgerechnet zu dir gekommen?
Warst du eine besonders Heilige?
Eine besonders Gebildete?

Aus der Heiligen Schrift
weiß ich
dass du eine einfache Frau
mit Herzensbildung warst
Von Menschen
nicht besonders beachtet
Eben nur eine Frau
unter so vielen

Gott hätte ja auch einen
anderen Weg wählen können
als durch dich Maria
seinen eingeborenen Sohn
auf die Erde zu schicken

Maria
war es Bestimmung
von der du bei der Erscheinung
des Engels
erfahren hast?

Eines fällt mir während des
Nachsinnens über dich noch ein:

dein Danklied
das du über die Größe Gottes
angestimmt hast
lässt mich deine Demut

und Weisheit erkennen
Schon darum
warst du bei Gott

nicht unbedeutend
Gudrun Kropp

Lied Meine Seele preist die Größe des Herrn (GL 631,4) *oder*
Ave Maria, gratia plena (GL 537) *oder*
Der Engel des Herrn aus Gottes Gnad (Liederbücher)

ROSENKRANZGEBET

Lied Meine Seele preist die Größe des Herrn (GL 631,4) *oder*
Maria, wir kommen aus Dunkel und Nacht (GL-Eigenteile der Diözesen)

Gesätz 1. Geheimnis des freudenreichen Rosenkranzes: Jesus, den du, o Jungfrau, vom Heiligen Geist empfangen hast

Ruf Ave, ave, ave Maria *(s. S. 13)*

Bitten Wir kommen mit unseren Sorgen, Nöten und Anliegen zu unserem Herrn und Bruder Jesus Christus, dem Sohn der Jungfrau und Mutter Maria. In ihm bleibt Gott uns nahe:

Ruf Gott selber kommt den Menschen nah (GL 528, Refrain)

Wir denken an alle, die wir lieben und die auf Abwegen umherirren, abhängig sind von Drogen und Alkohol, übermäßig rauchen und in anderen Süchten gefangen sind.

Wir denken an Kranke, Behinderte, Alleingelassene, an alle, denen wir uns in ihren Gebrechen und Anliegen regelmäßig zuwenden.

Wir denken an jene, die sich um uns kümmern und regelmäßig den Kontakt mit uns suchen, die uns in Freud und Leid, in sonnigen Stunden und schweren Zeiten beistehen und immer ein offenes Ohr für uns haben.

Wir denken an alle, die nie von einem Engel besucht werden und, sich selber überlassen, an sich zweifeln, sich minderwertig und unnütz fühlen und Gefahr laufen, sich aufzugeben und in Depressionen zu fallen.

Wir denken an die werdenden Mütter und Väter, an Familien, die einen neuen Erdenbürger erwarten und sich darüber freuen, aber auch an jene, die sich vom werdenden Leben gefordert und überfordert fühlen, weil das Kind zu diesem Zeitpunkt nicht geplant war und es ihre persönlichen Lebensvorstellungen durchkreuzt, sodass sie sich zu einem großherzigen Ja durchringen müssen.

Wir denken an alle, die hier an heiliger Stätte beten und bitten, an alle, die wir im Herzen hierhertragen, an alle, die uns den Glauben gelehrt und vorgelebt haben, deren Leben Gott vollendet hat und die nun in der Gemeinschaft des dreifaltigen Gottes und aller Engel und Heiligen leben und unsere persönlichen Fürbitter bleiben.

Diese und alle unausgesprochenen Bitten schließen wir ein in das Gebet, das Jesus uns gelehrt hat:

Vaterunser

Lied Alma Redemptoris Mater (GL 666.1)

ABSCHLUSS

Gebet Wir bitten dich, o Herr, gieße deine Gnade in unsere Herzen ein. Durch die Botschaft des Engels haben wir die Menschwerdung Christi, deines Sohnes, erkannt. Führe uns durch sein Leiden und Kreuz zur glorreichen Auferstehung, durch Christus unseren Herrn. Amen.

Schlusgebet beim Angelus

Segenswort Mit Maria, die mit ihrem Ja-Wort zur Mutter Gottes wurde und der Welt den Neuanfang ermöglichte, bitten wir um den Segen des in seiner Liebe allmächtigen Gottes: Er bleibe bei uns und beschütze uns.

Lied Maria, Mutter unsres Herrn (GL 530, 1. und 2. Strophe)

ERFAHREN IM LEID

MARIA, TRÖSTERIN DER BETRÜBTEN

Unsere Liebe Frau von Luxemburg
Die Trösterin der Betrübten wird in Luxemburg als Landespatronin verehrt (17. Jahrhundert)

ERÖFFNUNG

Lied Maria, wir kommen aus Dunkel und Nacht (GL-Eigenteile der Diözesen)

Kreuzzeichen Mit der Trösterin der Betrübten sind wir versammelt im Namen des Vaters und des Sohnes und des Heiligen Geistes.

Einführung Seit der Mitte des 17. Jahrhunderts wird Maria in Luxemburg als Trösterin der Betrübten verehrt. Unsere liebe Frau von Luxemburg gilt als Landespatronin. Alljährlich findet die Wallfahrt zur Trösterin der Betrübten in Luxemburg in der Mitte der Fastenzeit statt.
Nach dem Vorbild der Statue in Luxemburg wurde ein Kupferstich gefertigt, der zum Gnadenbild der Wallfahrt in Kevelaer wurde. Das kleine Bild steht in einem Bildstock hinter Glas. Wer von außerhalb der Kapelle auf das Gnadenbild schaut, wird entdecken, dass er sich selbst wie in einem Spiegel sieht. 1976 schrieb Wilhelm Willms folgende Verse: „wir sind im bild, wenn wir dich sehn im gnadenbild, maria. lass uns in deinem schatten stehn am gnadenort, maria."

Gebet Vater des Erbarmens und Gott allen Trostes, dein Sohn hat am Kreuz die selige Jungfrau Maria, seine Mutter, auch uns zur Mutter gegeben. Höre auf ihre Fürsprache und schenke uns in allen Nöten deinen Trost und deine Hilfe. Darum bitten wir durch Jesus Christus, deinen Sohn, unseren Herrn und Gott, der in der Einheit des Heiligen Geistes mit dir lebt und herrscht in alle Ewigkeit. Amen.

Tagesgebet aus dem MB Marienmessen „Maria, Trösterin der Betrübten" (Kevelaer) (S. 443)

WORT-GOTTES-TEIL

Lesung Johannesevangelium 19,25–27

Gedanken zur Lesung

Wir verehren Maria als Trösterin der Betrübten, weil sie selber auch trübselige Wege gehen musste. Trübselig und tröstungsbedürftig stand sie beim Kreuz ihres Sohnes, hielt aus und hielt durch. Die letzten Worte ihres Sohnes waren Worte der tröstenden Sorge und Fürsorge für die Menschen, die ihm bis unters Kreuz gefolgt sind. Er will die Seinen getröstet zurücklassen, und so empfiehlt er seinen Lieblingsjünger seiner Mutter und umgekehrt. Tröstend sollen sie einander beistehen, und niemand soll sich allein überlassen den Weg gehen. In der Gemeinschaft anderer kann manches Belastende abgelegt werden, und tröstende Gesten und Worte können stärken, ermutigen und aufrichten. Unter dem Kreuz wird Maria dem Lieblingsjünger als Mutter zugesprochen. Damit wird sie auch uns, der ganzen Kirche, zur Mutter gegeben. Die tröstungsbedürftige Frau wird so selber zur Trostspenderin. Auch wir sind eingeladen, uns mütterlich den Mitmenschen zuzuwenden und als Tröstungsbedürftige die Tröstungen anderer anzunehmen. Maria, Trösterin der Betrübten, bitte für uns.

Lied Maria, dich lieben (GL 521, 3. und 4. Strophe)

Gebet Guter und barmherziger Gott, als du die Mutter Jesu unter dem Kreuz auch zur Mutter seines Freundes Johannes bestimmtest, wurde sie zugleich unsere Mutter, die Mutter der Kirche. In der Gemeinschaft mit dem Lieblingsjünger Jesu erfuhr sie Trost und wird nun selbst zur Trösterin aller, die von Angst, Depression, Sinnkrisen, Schmerz und Tod bedroht sind. Wir bitten dich, lass uns im Blick auf Maria stark werden im Durchstehen eigenen Leids und sensibel für das Leid anderer. Darum bitten wir dich durch Jesus Christus, unseren Herrn.

ROSENKRANZGEBET

Lied Maria dich lieben (GL 521, 4. und 5. Strophe)

Gesätz frei formuliertes Geheimnis:
Jesus, der uns seine Mutter als Trösterin schenkt

Ruf Ave, ave, ave Maria *(s. S. 13)*

Bitten Der barmherzige Gott hat seiner Kirche die Mutter seines Sohnes als Trösterin gegeben. Wir vertrauen auf ihre Fürsprache und bitten ihn:

Ruf Du sei bei uns, in unserer Mitte, erhöre du uns, Gott (GL 182.2)

- Für alle, die von Angst und Verzweiflung niedergedrückt werden.
- Für alle, deren Leben von Krieg, Terror, Hungersnot und Umweltkatastrophen bedroht ist.
- Für alle, die in Politik und Gesellschaft Verantwortung tragen für das Wohlergehen der Menschen.
- Für alle, die um einen lieben Menschen trauern.

Vaterunser

Lied Kündet allen in der Not (GL 221, 1. und 5. Strophe)

ABSCHLUSS

Gebet Gott, du bist die Liebe, die unser Leben umfängt und erhält wie die Luft, die wir atmen. Auf dich vertrauen wir, auf dich setzen wir all unsere Hoffnung. Stärke unseren Glauben und unsere Liebe. Darum bitten wir durch Jesus Christus, unseren Bruder und Herrn.

Segensgebet Auf die Fürsprache Marias, der Trösterin der Betrübten, segne, begleite und behüte uns
Gott, der Vater, der Schöpfer jedes neuen Tages,
Gott, der Sohn, der Licht und Leben schenkt,
Gott, der Heilige Geist, der Tröster in Zeit
und Ewigkeit. Amen.

Lied Herr, unser Herr, wie bist du zugegen (GL 414)

ROSE OHNE DORNEN

ANDACHT ZU MARIA IM ROSENHAG

Stefan Lochner, Maria im Rosenhag, um 1450

ERÖFFNUNG

Lied Ave Maria zart, du edler Rosengart (GL 527)

Kreuzzeichen Mit Maria, der Rose ohne Dornen, sind wir versammelt im Namen des Vaters und des Sohnes und des Heiligen Geistes. Amen.

Einführung Die *Madonna im Rosenhag*, die wir heute betrachten, wurde um 1450 von Stefan Lochner gemalt und ist eines seiner letzten Werke.
Zentrale Figur ist die sitzend in einen leuchtend blauen Mantel gehüllte Maria. Auf ihrem Schoss trägt sie ihren göttlichen Sohn, der in der Hand einen Apfel hält, Symbol für seine Überwindung der Sünde der Stammeltern im Paradiesgarten.
Markant ist die Einhornbrosche auf dem Kleid Marias. Nach der Legende kann das Einhorn nur von einer keuschen Jungfrau gefangen werden. Vielfarbige Engel umgeben Maria mit ihrem Kind. Vier im Vordergrund sitzende Engel musizieren auf verschiedenen Instrumenten. Über dem Rosenhag raffen zwei Engel einen schweren Brokatvorhang zur Seite, und auf dem Goldgrund erscheinen in einer Gloriole Gott Vater und die Taube des Heiligen Geistes.
Von besonderer Bedeutung sind auf diesem Bild aber die Rosen. Nach einer Legende trug der Rosenstrauch vor dem Sündenfall der Menschen keine Dornen. Da Maria vor der Erbsünde bewahrt blieb, wird sie *Rose ohne Dornen* genannt, daher stellt der Maler sie in der blühenden Rosenlaube, die auch den Paradiesesgarten symbolisiert, dar.

Gebet Gott, durch die selige Jungfrau Maria, die Rose ohne Dornen, hast du Freude in die Welt gebracht. Sie hat uns zum Heil deinen Sohn geboren, Jesus Christus, unseren Erlöser. Lass uns der Anregung deines

Geistes folgen, damit wir unseren Brüdern und Schwestern Christus bringen und dich durch Taten der Nächstenliebe verherrlichen. Darum bitten wir durch ihn, Jesus Christus, deinen Sohn, unseren Herrn und Gott, der in der Einheit des Heiligen Geistes mit dir lebt und herrscht in alle Ewigkeit. Amen.

Vgl. Tagesgebet aus dem MB Marienmessen „Mariä Heimsuchung" (S. 16)

Lied Sagt an, wer ist doch diese (GL 531)

WORT-GOTTES-TEIL

Lesung Lukasevangelium 1,39–45

Gedanken zur Lesung

Maria, unterwegs durchs jüdische Gebirge. Ihr Kleid wird weder leuchtend blau, noch tiefrot gewesen sein. Ich stelle sie mir vor als junge Frau, gehüllt in weißbraune Gewänder, mit einem warmen Umhang, Sandalen an den Füßen. Beschwingt ist sie unterwegs, denn sie trägt ihr erstes Kind unter dem Herzen.

Ja, in dieser Freude sieht selbst die unwirtliche Gegend rosig aus. Dornen und Disteln entschwinden ihrem Blickfeld zugunsten des blühenden Lebens, das sie aufmerksam wahrnimmt – in sich und um sie herum. Allfällige Sorgen und eventuell kommende Nöte sind kein Thema. Heute ist ein Tag der Freude in Fülle. Erfüllt von dieser Freude eilt sie weiter über Stock und Stein zu ihrer älteren Verwandten Elisabet.

Die Freude muss verkündet werden, zuerst jenen, die sich mitfreuen können, weil sie genau auch von dieser Freude leben. Elisabet, ebenfalls guter Hoffnung, kann sich wie keine andere mitfreuen. In der Begegnung dieser beiden Frauen bricht Jubel aus, der bis heute nicht verstummt. Elisabet, erfüllt von Liebe und Zuneigung zu ihrem Kind und der jungen Nichte, spricht die prophetischen Worte zu ihr:

„Gesegnet bist du unter den Frauen und gesegnet ist die Frucht deines Leibes". Diese Worte wiederholen wir noch heute im „Gegrüßt seist du, Maria". Und die Gepriesene bricht ihrerseits in Jubel aus und stimmt das Magnificat an, in das die Kirche bis auf den heutigen Tag im täglichen Abendlob einstimmt. Stimmen auch wir ein in den Lobgesang Marias:

Gesang Magnificat (GL 631, 3.4.)

ROSENKRANZGEBET

Gesätz 2. Geheimnis des freudenreichen Rosenkranzes: Jesus, den du, o Jungfrau, zu Elisabet getragen hast.

Ruf Ave, ave, ave Maria *(s. S. 13)*

Bitten Christus, du Sohn der seligen Jungfrau Maria. Höre auf die Fürbitte deiner Mutter, wenn wir ihr unsere Anliegen anvertrauen:

Für alle, die in der Kirche den Lobpreis Gottes nie verstummen lassen. Maria, Rose ohne Dornen:

A Bitte für sie!

Für alle Mütter und Großmütter, die den Glauben an die nächste Generation weitergeben. Maria, Rose ohne Dornen:

Für alle, die momentan auf dornigen Straßen unterwegs sind und weit und breit nichts Rosiges entdecken. Maria, Rose ohne Dornen:

Für alle, die sich um andere kümmern und sorgen und sich mit anderen von Herzen freuen. Maria, Rose ohne Dornen:

Für alle, die – wie Maria – auf Gottes Wort hören und ihm vertrauen. Maria, Rose ohne Dornen:

Für alle, die – wie Elisabet – Hilfe anderer annehmen und dadurch Gottes Zuwendung spüren. Maria, Rose ohne Dornen:

Für alle, die – wie Johannes – auf Jesus hinweisen und sich im Glauben bewähren. Maria, Rose ohne Dornen:

Für alle, die in der Nachfolge Jesu die täglichen Herausforderungen gläubig annehmen und so erfüllen, was Gott von uns erwartet. Maria, Rose ohne Dornen:

Lied Maria durch ein Dornwald ging (GL 224)

Vaterunser

Lied O Maria, sei gegrüßt (GL 523)

ABSCHLUSS

Gebet Guter Gott, mit Maria preist die ganze Kirche dein Erbarmen. Großes hast du an uns getan. Die Macht deiner Liebe gab der Welt einen Neuanfang durch die Menschwerdung deines Sohnes. Lass uns mit ihm verbunden bleiben, damit wir durch unser Leben deine Größe und Herrlichkeit bezeugen. Darum bitten wir dich durch Jesus Christus, deinen Sohn, unseren Bruder und Herrn. Amen.

Segensgebet Auf die Fürbitte Marias, der Rose ohne Dornen,
bitten wir um Gottes Segen,
der herabkomme auf alle Menschen guten Willens,
auf alle, die voller Hoffnung unterwegs sind,
auf alle, die das Wunderbare in Gottes Schöpfung bestaunen.
Gottes Segen erreiche alle,
die schwer tragen an der Last des Lebens und
im Dornengestrüpp verfangen, befreit werden wollen.
Gottes Segen bleibe auf allen,
die beschwingt und leichtfüßig unterwegs sind,
auf uns und allen, die mit uns sind
im Namen des Vaters und des Sohnes und des Heiligen Geistes. Amen.

Lied Wunderschön prächtige (GL-Eigenteile der Diözesen)

VOLLENDUNG IM HIMMEL

ANDACHT ZU MARIÄ KRÖNUNG

Apsismosaik in der Basilika Santa Maria Maggiore, Rom
Jacoppo Torriti, um 1296

ERÖFFNUNG

Lied Maria aufgenommen ist (GL522)

Kreuzzeichen Mit Maria, die in den Himmel aufgenommen ist, sind wir versammelt im Namen des Vaters und des Sohnes und des Heiligen Geistes. Amen.

Einführung Fresken, Bilder und Plastiken mit dem Motiv Mariä Krönung gibt es unzählige. In Lautenbach im Renchtal in der Diözese Freiburg (D) gilt die Wallfahrtskirche *Mariä Krönung*, die zwischen 1471 und 1488 über einer uralten Wallfahrtsstätte errichtet wurde, als „wahres Juwel spätgotischer Sakralbaukunst".

Kathedralen, Pfarrkirchen und andere Gotteshäuser, die der Muttergottes geweiht sind, feiern das Patrozinium oft am 15. August, dem Fest Mariä Aufnahme in den Himmel. Mariä Krönung stellt die krönende Vollendung ihres irdischen Lebens in der himmlischen Herrlichkeit dar. Daher wird der Gedenktag Mariä Krönung heute am 22. August begangen, eine Woche nach dem großen und weit verbreiteten Marienfesttag im Hochsommer.

Das Verständnis von „Maria Königin" hat sich im Laufe der Jahrhunderte gewandelt: Zu Beginn des 5. Jahrhunderts wird Maria im goldenen Hofgewand als Königinmutter oder als Kaiserin, die noch nicht zur Augusta (Kaiserin) erhoben ist, dargestellt. In literarischen Zeugnissen wird sie als „Mutter des himmlischen Königs" und als Domina, als „Herrin" und als Genitrix Dominatoris, als „Mutter des Herrschers" gepriesen. Im späten 5. Jahrhundert beginnt man, Maria als himmlisches Gegenstück zur irdischen Königin zu verehren. Sie wird als „himmlische Königin", als Domina nostra („unsere Herrin") bezeichnet. In der 2. Hälfte des 6. Jahrhunderts vollendet sich das Bild der Regina Maria. Ihr Königtum bezieht sich wie bei den byzantinischen Kaisern auf den inneren und äußeren

Schutz des Reiches. Später erstreckt sich ihr Königtum über Himmel und Erde und über die Unterwelt, also über den ganzen Kosmos. Die Mutter Jesu Christi herrscht aber nicht eigenständig, sondern an der Seite ihres Sohnes, des himmlischen Königs, und ist ihm untertan, denn von ihm empfängt sie die kaiserlichen Insignien und ihr Amtskleid. So erscheint die Muttergottes bis heute an der Seite ihres Sohnes, des himmlischen Königs.
In den folgenden Jahrhunderten kommen noch weitere Hoheitszeichen dazu: Ihre Krone ist mit 12 Sternen geschmückt, zu ihren Füßen die Mondsichel, in der rechten Hand hält sie das Zepter, auf dem linken Arm das segnende Kind oder die Weltkugel. Im Mittelalter bezieht sich das Königtum Marias besonders auf die Macht ihrer Fürbitte zum Schutz der Hilfsbedürftigen. Später wandelt sich ihr Bild in die Königin des Friedens, und im Verlauf der demokratischen Strömungen des 20. Jahrhunderts verabschiedet man sich von Maria als Königin und nimmt Zuflucht bei Maria, unserer Schwester im Glauben.

Gebet Gott, du führst bei denen, die dich lieben, alles zum Guten. Du hast Maria zur Mutter deines Sohnes erwählt und sie mit Herrlichkeit und Ehre gekrönt. Wir vertrauen auf ihre Fürsprache. Lass auch uns im himmlischen Reich an der Herrlichkeit deiner Kinder teilhaben, da du uns erlöst hast durch den Tod und die Auferstehung deines Sohnes, unseres Herrn Jesus Christus, der in der Einheit des Heiligen Geistes mit dir lebt und herrscht in alle Ewigkeit. Amen.

Vgl. MB 747, Tagesgebet vom 15. August – Vorabend

WORT-GOTTES-TEIL

Lesung Römerbrief 8,28–30

Psalm Psalm 34 (GL 651, 5.6)

Gedanken zur Lesung

Die Aufnahme Marias „mit Leib und Seele" in den Himmel wird durch das Bild ihrer Krönung vollendet. Überhaupt geht es hier um Vollendung: Das Leben Marias, die mit ihrem Ja-Wort ihre ganze Existenz an Gott und seinen Sohn gebunden hat, die ihre ganze Existenz vom Heiligen Geist durchformen ließ, kommt schließlich bei Gott zur Vollendung, ist heilig, heil in einem umfassenden Sinn.

Gilt das nur für Maria, die ganz und gar außergewöhnliche Frau aus Nazaret? Wenn wir Paulus folgen, dürfen wir darauf hoffen, dass sich auch unser Leben dereinst zu jener Vollendung rundet, die Maria bei ihrem Tod erlangt hat. In Freiheit an Jesus Christus gebunden und geführt vom Heiligen Geist ist uns „Auferstehung" verheißen – Leben in Gottes Herrlichkeit.

ROSENKRANZGEBET

Lied Alle Tage sing und sage (GL 526)

Gesätz 4. Geheimnis des glorreichen Rosenkranzes:
Jesus, der dich, o Jungfrau, in den Himmel aufgenommen hat

Ruf Ave, ave, ave Maria *(s.S. 13)*

5. Geheimnis des glorreichen Rosenkranzes:
Jesus, der dich, o Jungfrau, im Himmel gekrönt hat.

Ruf Ave, ave, ave Maria *(s.S. 13)*

Litanei Lauretanische Litanei (GL 566)

ABSCHLUSS

Meditation

ORA PRO NOBIS
Gestalt geworden hoch über
dem Thron und der
Krone
der eigenen Hoheit.
Da trat sie heraus
aus dem Herrlichkeitsraum
ihrer Krönung.
Kronenlos
kniet sie sich hin,
kleine Magd, Mädchen, Mutter,
Maria,
Fürbitterin.
Unter dem Saum ihres Tuches
ein Gesicht,
ein Mund, Augen und Hände,
die uns hineintragen
in Gottes
Erbarmen.

Silja Walter

Segenswort

Auf die Fürbitte der einfachen Frau aus Nazaret, die Gott erwählt und erhöht hat,
komme reicher Segen auf alle, die klein und unscheinbar Großes leisten,
komme reicher Segen über alle, die für andere Verantwortung tragen,
komme reicher Segen über alle, die in Kirche und Welt das Sagen haben,
komme der Segen des dreifaltigen Gottes über uns und alle, für die wir jetzt hier gebetet haben,
im Namen des Vaters und des Sohnes und des Heiligen Geistes. Amen.

Lied

Salve Regina (GL 666.4) *oder*
Freu dich, du Himmelskönigin (GL 525)

QUELLE DES HEILS

ANDACHT ZU UNSERER LIEBEN FRAU VON MARIA SCHUTZ

Gnadenbild der Wallfahrtskirche Maria Schutz, Niederösterreich

ERÖFFNUNG

Lied Ich lobe meinen Gott von ganzem Herzen (GL 400)

Kreuzzeichen Mit Maria, der Quelle des Heils, sind wir versammelt im Namen des Vaters und des Sohnes und des Heiligen Geistes. Amen.

Einführung *Maria Schutz* in der Gemeinde Schottwien ist der größte Wallfahrtsort im südlichen Niederösterreich. Nach der Legende wurde ein Bild von *Maria Schutz* über dem Sonnwendstein von Engeln getragen, die ein Füllhorn mit Rosen über den Ort ausleerten, und zwei Engel hielten darunter ein Spruchband mit der Aufschrift: *Das so genande Heil Brüntl.*

In der Pestepidemie 1679 brachte man Todkranke zum hl. Bründl, und viele wurden geheilt. In der Folge wurde eine Kapelle gebaut. Dorthin wallfahren viele Gläubige, denn das Bründl hinter dem Hauptaltar hat bis zum heutigen Tag eine enorme Anziehungskraft.

Gebet Herr, heiliger Vater, voll Freude feiern wir das Gedächtnis der seligen Jungfrau Maria. Durch sie hast du uns die Quelle des Heiles erschlossen: Jesus Christus, deinen Sohn. Lass uns immer aus dieser Quelle des Lebens schöpfen und reiche Früchte des Heiligen Geistes bringen. Darum bitten wir durch ihn, Jesus Christus, deinen Sohn, unseren Herrn und Gott, der in der Einheit des Heiligen Geistes mit dir lebt und herrscht in alle Ewigkeit.

Tagesgebet aus dem MB Marienmessen „Maria, Quelle des Heils“ (S. 197)

WORT-GOTTES-TEIL

Lied Alle meine Quellen entspringen in dir (GL-Eigenteile der Diözesen)

Lesung Johannesevangelium 2,1–11

Gedanken zur Lesung

Eingeladen zur Hochzeit sind Jesus, seine Mutter, seine Jünger. Und hier geschieht Jesu erstes Wunder. Klar, jetzt ist die hohe Zeit angebrochen. In Jesu Gegenwart hat die Heilsgeschichte ihren Höhepunkt erreicht, weil in Jesus Christus das Heil Gottes persönlich unter uns ist. Und seine Mutter Maria bittet um sein helfendes wunderbares Eingreifen. Ja, das Wunder geschieht: Wasser wird zu Wein, von dem wir heute noch kosten. Diese Stunde der Rettung aus peinlicher Verlegenheit ist aber noch nicht ‚seine Stunde'. Diese kommt am Karfreitag auf Jesus zu. Seine Stunde ist die Heil schenkende Vollendung seines Lebens in Tod und Auferstehung.

Jede Hochzeit markiert die Stunde des gegenseitig geschenkten Ja-Wortes, das ein Leben lang eingelöst werden will. Maria, die Mutter Jesu, hat ihr Ja-Wort gesprochen, als der Engel ihr die Mutterschaft ankündigte. Sie hat ihr Ja-Wort gelebt in frohen Stunden wie z. B. im Hause ihrer Verwandten Elisabet. Sie hat auch Ja gesagt zu allem, was unverständlich war im Zusammenleben mit ihrem Sohn. Sie lebte ein Ja bis unters Kreuz ihres Sohnes. Nach Ostern blieb sie dem Freundeskreis Jesu treu und reihte sich ein in die betende und bittende Schar, die nun Anweisungen in der Kraft des Heiligen Geistes erhofft. Jetzt reiht Maria sich ein in unsere Reihen und betet und bittet mit uns in den Anliegen und Nöten, in den Freuden und Sorgen unseres Alltags.

Lied Ein Bote kommt, der Heil verheißt (GL 528)

ROSENKRANZGEBET

Gebet Gott, Quelle des Heils, du bist das Ziel unserer Sehnsucht, du stillst unser Verlangen, denn unruhig ist unser Herz, bis es Ruhe findet in dir. Stärke uns, damit wir dem Beispiel Marias folgen und unser Vertrauen auf dich setzen – im Leben und im Tod. Darum bitten wir dich durch Jesus Christus.

Gesätz 2. Geheimnis des lichtreichen Rosenkranzes: Jesus, der sich bei der Hochzeit zu Kana offenbart hat

Ruf Ave, ave, ave Maria *(s. S. 13)*

Litanei der Wandlung

Die Mutter Jesu sagte zu den Dienern: „Was er euch sagt, das tut". Und Jesus sagte: „Füllt die Krüge!" Das Wasser in den Krügen wurde zu Wein – damals. Heute will das Wunder der Wandlung unser Leben ändern. Jesus spricht zu uns: „Füllt die Krüge!", und Wunderbares kann geschehen:

Zur Auswahl und von zwei Personen vorgetragen:

Mangel – verwandelt sich in überraschende Fülle.
Kleinlichkeit – verwandelt sich in mutige Großherzigkeit.
Hoffnungslosigkeit – verwandelt sich in ersehnte Erfüllung.
Resignation – verwandelt sich in neues Wagnis.
Distanz – verwandelt sich in achtsame Annäherung.
Einsamkeit – verwandelt sich in angebotene Zuwendung.
Uneinsichtigkeit – verwandelt sich in lichtvolle Offenheit.
Nachtragen – verwandelt sich in gütiges Verzeihen.
Festhalten – verwandelt sich in vorsichtiges Loslassen.
Ablehnung – verwandelt sich in zaghaftes Entgegenkommen.
Zurückweisung – verwandelt sich in liebevolle Aufnahme.
Feindseligkeit – verwandelt sich in gewagtes Miteinander.
Übersehen – verwandelt sich in beherztes Beachten.

Wegschauen – verwandelt sich in wohlwollendes Anschauen.
Zorn – verwandelt sich in milde Nachsicht.
Wut – verwandelt sich in zarte Zurückhaltung.
Harte Worte – verwandeln sich in verständnisvolles Nachfragen.
Fallen – verwandelt sich in erneutes Aufstehen.
Verurteilen – verwandelt sich in nachdenkliches Hinterfragen.
Ängste – verwandeln sich in grenzenloses Vertrauen.
Trauer – verwandelt sich in hoffnungsstarke Zuversicht.
Sorgen – verwandeln sich in zuversichtliche Gelassenheit.
Nöte – verwandeln sich in lindernde Geschehnisse.

Ja, füllt die Krüge und das Wunder der Verwandlung geschieht wie damals auf die Fürbitte der Mutter Gottes. Darum wird ihr Lob nie verstummen in Zeit und Ewigkeit. Amen.

Lied Mutter, das Wunder geschah (Liederbücher) *oder* Erhebt in vollen Chören (KG 756)

ABSCHLUSS

Lied Die Herrlichkeit des Herrn bleibe ewiglich (GL 412, Kanon) *oder*
Die Herrlichkeit des Herrn erscheint (KG 357, 1., 4. und 5. Strophe)

Gebet Guter Gott, bei der Hochzeit in Kana hat Jesus auf die Fürsprache seiner Mutter Wasser in Wein gewandelt, damit das Fest fröhlich weiter gefeiert werden konnte. Gib uns Anteil an der Quelle des Heils, in der wir uns verwurzeln wollen, damit auch unser Leben ein Fest sei. Darum bitten wir durch Jesus Christus.

Segenswort Auf die Fürbitte der Gottesmutter Maria fließe aus den Quellen des Heiles, die ihr Sohn uns eröffnet hat, reicher Segen.
Er tränke, was dürre steht, bewässere, was ausgetrocknet ist, ermutige und belebe uns neu.
So bleibe der Segen des Dreifaltigen Gottes, des Vaters, des Sohnes und des Heiligen Geistes über uns und mit uns jetzt und in Ewigkeit. Amen.

UNTER DEINEM SCHUTZ UND SCHIRM

ANDACHT ZUR SCHUTZMANTELMADONNA

Ravensburger Schutzmantelmadonna
Michel Erhart, um 1480. Urspr. in der Liebfrauenkirche in Ravensburg
Seltene Darstellung der Madonna ohne Jesuskind vor dem 19. Jahrhundert

ERÖFFNUNG

Lied Maria, breit den Mantel aus (GL 534)

Kreuzzeichen Mit Maria, unter deren Schutz wir uns stellen, sind wir versammelt im Namen des Vaters und des Sohnes und des Heiligen Geistes. Amen.

Einführung Schutzmantelmadonna-Darstellungen sind weit verbreitet. Maria – mit ihrem Kind oder allein – birgt unter ihrem schützenden Mantel Menschen. Diese Bilder vermitteln Geborgenheit im Schutz der *Großen Mutter.*

Breite Verehrung genießt die weithin bekannte Schutzmantelmadonna von Ravensburg. Es handelt sich um eine spätgotische Lindenholzschnitzerei aus der Ulmer Schule von Michael Erhart aus dem Jahre 1480. Die Skulptur befindet sich heute im Bode Museum in Berlin. Maria ist als reife Frau in ein bis zu den Füßen reichendes goldenes Untergewand gekleidet. Über Kopf und Schulter ist ein Schleier gewunden. Mit beiden Händen hält sie ihren Mantel offen und umfängt damit schützend zehn Personen.

Gebet Gott, du hast die Mutter deines geliebten Sohnes zur Mutter und Helferin des christlichen Volkes bestellt. Gib, dass wir unter ihrem Schutz geborgen sind und einander jene Hilfe und jenen Schutz gewähren, der uns als deine Kinder, als Schwestern und Brüder Jesu, auszeichnet. Darum bitten wir durch ihn, Jesus Christus, deinen Sohn, unseren Herrn und Gott, der in der Einheit des Heiligen Geistes mit dir lebt und liebt in alle Ewigkeit.

Vgl. MB Marienmessen,
Maria, Hilfe der Christen (S. 269)

WORT-GOTTES-TEIL

Lesung Jesaja 61,10–11

Psalm Ps 16 (GL 649, 2.3) *oder* Ps 57 (GL 649, 5.6)

Gedanken zur Lesung

Im ersten Buch der Bibel, im Buch Genesis, lesen wir, dass Adam und Eva die Augen aufgingen, nachdem sie von der verbotenen Frucht des Baumes gegessen hatten, und sie erkannten, dass sie nackt waren. Sie machten sich aus Feigenblättern einen Schurz, und ein paar Verse weiter macht Gott Adam und seiner Frau Röcke aus Fellen und bekleidet sie damit. Von allem Anfang an ist Gott also der Schützer und Beschützer seiner Menschenkinder, die von der Wiege bis zur Bahre schutzbedürftig sind.

Schon das Neugeborene muss geschützt werden vor Hunger und Kälte, muss also gestillt und in Tücher gewickelt werden. Nicht nur äußerlich, auch innerlich ist der Mensch schutzbedürftig. Er lernt Gutes zu tun, und böse Gefahren wird er erkennen und meiden. Auf dem Weg der Nächstenliebe wird er gleichsam umhüllt mit dem Gewand des Heiles, mit dem Mantel der Gerechtigkeit. Wer Zuwendung schenkt, empfängt dadurch das, was ihn im Guten bestärkt.

Maria, gehüllt in ihren großen weiten Mantel, ist Urbild dieses ganz und gar in den Mantel des Heils gekleideten Menschen. Ganz im Heil Gottes stehend, ist sie beschützt von Gott und kann schützend ihren Mantel auch über uns breiten. Die Schutzmantelmadonna zeigt uns, dass wir Menschen gerade auch in unserer unstillbaren Sehnsucht und Bedürftigkeit an Leib und Seele dennoch reich beschenkt sind. Unsere Armut und Schutzlosigkeit sind mit dem fürsorgenden Dasein Gottes umfangen, sodass auch wir – wie Maria – in einen weiten, wärmenden und edlen Mantel gehüllt, getrost und zuversichtlich durchs Leben gehen dürfen.

Lied Geborgen in dir, Gott (GL-Eigenteile der Diözesen)

ROSENKRANZGEBET

Gebet Wir beten mit den Worten des ältesten Mariengebets: Unter deinen Schutz und Schirm fliehen wir (GL 5, 7),

Gesätz frei formuliertes Geheimnis:
Jesus, der uns birgt in seinem Heil

Ruf Ave, ave, ave Maria *(s. S. 13)*

Bitten Zu Christus, in dessen Liebe wir geborgen sind, tragen wir unsere Bitten und vertrauen auf die Fürsprache Marias:

Ruf Lasst zum Herrn uns beten (GL 181)

Für alle, die unter Krieg und Terror leiden und Schutz benötigen:

Für alle, die unter Hungersnöten und Umweltkatastrophen leiden und Schutz benötigen:

Für alle, die unter Diskriminierungen leiden und Schutz benötigen:

Für alle, die aufgrund ihres Glaubens verfolgt werden und Schutz benötigen:

Vaterunser

ABSCHLUSS

Lied Sei unser Gott, der alle Welt in seiner Liebe leitet (KG 182; Liederbücher)

Segenswort Auf die Fürbitte der Schutzmantelmadonna segne uns Gott, der Vater, der uns ins Leben rief und den Himmel über uns ausspannt gleich einem Zelt.
Es segne uns Gott, der Sohn, Jesus Christus, der mit uns bleibt auf allen Wegen.
Es segne uns Gott, der Heilige Geist, der uns in seiner Liebe birgt. Amen.

Schlusslied Wunderschön prächtige (GL 883)

… DASS ICH LIEBE, WO MAN HASST

ANDACHT ZU MARIA FRIEDEN

Otto Dix, Madonna vor Stacheldraht und Trümmern, 1945
Kirche Maria Frieden in Berlin-Marienhof

ERÖFFNUNG

Lied Gib uns Frieden (GL-Eigenteile der Diözesen; Liederbücher)

Kreuzzeichen Mit Maria, der Königin des Friedens, sind wir versammelt im Namen des Vaters und des Sohnes und des Heilgen Geistes. Amen.

Einführung Wegen ihrer innigen und starken Verbindung mit ihrem Sohn, dem *„Fürst des Friedens“* (Jes 9,5), wurde Maria im Laufe der Zeit immer mehr als *Königin des Friedens* verehrt.
1945 malte der als entarteter Künstler verfemte Otto Dix (1891–1969) in französischer Kriegsgefangenschaft die *Madonna vor Stacheldraht und Trümmern* für die Kapelle des Gefangenenlagers. 1988 erwarb es der Berliner Senat und übergab es der Pfarrkirche Maria Frieden in Berlin Mariendorf. Es wurde dort zum Wallfahrtsbild, als Kardinal Joachim Meisner Maria Frieden mit der Ausrichtung einer bistumsweiten monatlichen Wallfahrt betraute.
Mit der Darstellung von Maria als *Königin des Friedens* kommt ganz besonders die Friedensehnsucht zum Ausdruck. Die Darstellung will uns einladen, aktiv für den Frieden einzutreten: für den Frieden im eigenen Herzen, mit den Mitmenschen und wo sich Gelegenheit bietet auch für den weltweiten Frieden, indem wir uns z. B. um ein gerechtes und faires Konsumverhalten bemühen. Zugleich soll die Erinnerung an die Millionen gefallener und vermisster Soldaten sowie an die Judenvernichtung (Holocaust) im 2. Weltkrieg wachgehalten werden, damit nicht wieder Gleiches geschieht.

Gebet O Mutter der Barmherzigkeit, erflehe du uns von Gott den Frieden! Und vor allem jene Gnaden, die in einem Augenblick die menschlichen Herzen umwandeln können, jene Gnaden, die den Frieden vorbereiten, schließen und sichern! Königin des Friedens, bitte für uns und gib der streitenden Welt den Frieden, den die Völker ersehnen, den Frieden in der Wahrheit, in der Gerechtigkeit und in der Liebe Christi! Gib ihr den Frieden der Waffen und den Frieden der Seelen, damit Gottes Reich sich in der Ruhe der Ordnung ausbreite.

Pius XII, Gebet zur Friedenskönigin aus dem Karmel Maria Frieden in Köln

Lied Ich lobe meinen Gott (GL 383)

WORT-GOTTES-TEIL

Lesung Jesaja 9,1–6

Gedanken zur Lesung

Im Zentrum dieses Prophetentexts steht der Friedensfürst, so lautet einer der Ehrennamen des verheißenen Kindes. Die Sehnsucht nach diesem Friedensfürst ist im Volk Israel groß und sie bleibt groß durch alle Zeiten – bis heute. Viele, eben viel zu viele Kriege tobten rund um die Erdkugel, und auch heute schwelen gefährliche Konflikte, und Kriege flammen auf. Im biblischen Text wünscht sich das Volk nichts sehnlicher, als dass der dröhnende Marsch der Soldatenformationen verstumme und die blutbefleckten Soldatenstiefel ins Feuer geworfen und dort restlos verbrannt werden. Ein Friede, der anhält, wird erwartet, erhofft.

Tragen wir in unserer Umgebung das uns Mögliche bei, damit dieser Friede einziehe in unser Herz, damit Friede sich ausbreite in unseren Familien und Gemeinschaften und beten wir um den Frieden, der vom Himmel her uns angeboten ist im ewigen Bund Gottes mit uns Menschen. Wo der Himmel die Erde berührt, da kann sich der Friede ausbreiten. Den Menschen guten Willens ist der Friede verheißen. Öffnen wir uns, reichen wir einander die Hand zum Frieden, zur Versöhnung. Öffnen wir unsere

Herzenstüren weit. Lassen wir uns von Gott, voneinander berühren. Auch angerührt und berührt von fremden Lebensweisen und anderen Überzeugungen können wir viel zum Frieden in der heutigen Zeit beitragen.

Lied Wo Menschen sich vergessen (GL-Eigenteile der Diözesen; Liederbücher)

ROSENKRANZGEBET

Gebet Barmherziger Gott, du bist die Liebe. Aber überall in der Welt werden Konflikte mit Gewalt zu beseitigen versucht und Kriege flammen auf. Wir sehnen uns nach Frieden. Gib du den Frieden in unseren Tagen und komm uns zu Hilfe mit deinem liebenden Erbarmen. Darum bitten wir dich durch Jesus Christus, den Friedenfürst, den Sohn der Friedenskönigin Maria.

Gesätz frei formuliertes Geheimnis:
Jesus, der uns seinen Frieden schenkt

Ruf Ave, ave, ave Maria *(s. S. 13)*

Lied Verleih uns Frieden gnädiglich (GL 475)

Bittgebet Herr, mache mich zu einem Werkzeug des Friedens,
dass ich liebe, wo man hasst;
dass ich verzeihe, wo man beleidigt;
dass ich verbinde, wo Streit ist;
dass ich die Wahrheit sage, wo Irrtum ist;
dass ich Glauben bringe, wo Zweifel droht;
dass ich Hoffnung wecke, wo Verzweiflung quält;
dass ich Licht entzünde, wo Finsternis regiert;
dass ich Freude bringe, wo der Kummer wohnt.
Herr, lass mich trachten,
nicht, dass ich getröstet werde, sondern
dass ich tröste;
nicht, dass ich verstanden werde, sondern
dass ich verstehe;

nicht, dass ich geliebt werde, sondern dass ich liebe.
Denn wer sich hingibt, der empfängt;
wer sich selbst vergisst, der findet;
wer verzeiht, dem wird verziehen;
und wer stirbt, der erwacht zum ewigen Leben.

Im Sinn und Geist des hl. Franz von Assisi

ABSCHLUSS

Lied Komm, Herr, segne uns (GL 451)

Segenswort Auf die Fürbitte der Friedenskönigin segne uns Gott mit seinem Frieden.
Er erfülle unser Denken mit Gedanken des Friedens.
Er gebe uns die Kraft, unsere Hände versöhnend einander zu reichen.
Er öffne unsere Herzen füreinander und lasse uns am gleichen Strick ziehen, in die gleiche Richtung schauen und im Nächsten den Bruder, die Schwester sehen.
Das gewähre uns der Dreieinige Gott, der Vater, der Sohn und der Heiligen Geist. Amen.

Schlusslied Segne du, Maria (GL 535)

BAUM DES LEBENS

ANDACHT ZU MARIA DREIEICHEN

Pietà von Mathias Sturmberger in der Wallfahrtskirche Maria Dreieichen (Niederösterreich), 1680

ERÖFFNUNG

Lied O Maria, sei gegrüßt (GL 523)

Kreuzzeichen Mit Maria, der Mutter Jesu, sind wir versammelt im Namen des Vaters und des Sohnes und des Heiligen Geistes. Amen.

Einführung Die barocke Kirche Maria Dreieichen gilt als eine der schönsten im Waldviertel. Sie ist mit einem berühmten Kuppelfresko – Paul Trogers letztem Werk – geschmückt und birgt auch die Pietà als Gnadenbild von Maria Dreieichen.

Als Dank nach wunderbarer Genesung und in Befolgung einer im Traum erhaltenen Weisung brachte Matthias Weinberger, ein Kürschner aus Horn, 1656 eine wächserne Pietá am Stamm einer Drillingseiche an. 20 Jahre später brannte der Baum ab, das Wachsbild schmolz. Der Horner Bürgermeister ließ ein vom Bildhauer Sturmberger geschnitztes Vesperbild aufstellen – das heutige Gnadenbild.

An speziellen Tagen wird dieser Ort der Ruhe und Besinnung von zahlreichen Wallfahrern aufgesucht. Hinter dem Altar sind noch die drei Baumstämme zu bewundern, die dem Ort ihren Namen geben.

Wegen der tiefen Verwurzelung im Erdreich ist der Baum seit Urzeiten ein Symbol für Standfestigkeit, seine grünen Blätter, das wiederholte Blühen und Frucht bringen ein Symbol für das Leben allgemein. Auch in der Bibel und in der Liturgie begegnen wir dem Baum des Lebens bzw. dem Kreuzesbaum.

Gebet Barmherziger Gott und Vater, du hast der Mutter Jesu die Kraft verliehen, unter dem Kreuz ihres Sohnes zu stehen. Sein Leiden am Baum des Kreuzes wurde zum Heil für die ganze Welt. Am Baum des Kreuzes zeigt sich geheimnisvoll die Macht des Retters, der den Tod besiegt und der Welt das Leben schenkt. Hilf uns anzunehmen, was uns widerfährt, damit wir auch an der Auferstehung unseres Herrn

Jesus Christus teilhaben, der in der Einheit des Heiligen Geistes mit dir lebt und herrscht in alle Ewigkeit. Amen.

WORT-GOTTES-TEIL

Lesung Genesis 3,22–24 und Offenbarung 22,1–2

Gedanken zu den Lesungen

Wir begegnen im ersten und im letzten Buch der Bibel dem Baum des Lebens. Im ersten Buch der Bibel, in der Genesis, steht der Lebensbaum mitten im Paradiesesgarten. In der Offenbarung, im letzten Buch der Bibel, begegnen wir dem Baum des Lebens, der am Fluss gepflanzt, jeden Monat Früchte trägt. *(Gen 3,22–24 und Offb 22,1–2)*

Am Baum des Lebens, der mitten im Paradiesgarten steht, vergreifen sich Adam und Eva. Das Leben liegt allein in der Hand des Schöpfers. Er ruft ins Leben und schenkt Leben hier und einst auf ewig.

Maria hat sich ganz dem Leben schenkenden Gott zur Verfügung gestellt und Ja gesagt zum Leben, das in ihr werden und mit ihr heranwachsen will. So gleicht sie schließlich selber einem Baum, der Leben schenkt. Ihre Leibesfrucht ist der Heiland der Welt.

Lied Wunderschön prächtige (GL-Eigenteile der Diözesen)

Lesung Matthäusevangelium 12,46–50

Gedanken zur Lesung

Man meldet also dem Rabbi Jesus, dass seine Familie und seine Mutter vor dem Haus stehen und mit ihm reden wollen. Und dann die überraschende Frage Jesu: Wer ist meine Mutter, und wer sind meine Brüder? Mit anderen Worten: Wer gehört zu mir? Wer ist meine Familie? Was geht in Maria vor, als sie diese Frage ihres Sohnes hört: Wer ist meine

Mutter? Sie hätte laut rufen können: Ich, ich bin deine Mutter. Ja, sie ist seine Mutter und sie gehört zu Jesus und Jesus zu ihr. Wer zu Jesus gehört, gehört zur Familie Gottes. Und auch da gehört Maria ganz dazu. Zur Familie Gottes gehören alle, die den Willen Gottes tun, sagt Jesus. Maria ist auch da die erste, die den Willen Gottes zutiefst bejaht: Dein Wille geschehe, war ihre Antwort auf die Botschaft des Engels. Dein Wille geschehe, sagt sie gerade in diesem Moment, als sie vor dem Haus steht, in dem Jesus lehrt, und sie nicht verstehen kann, was denn in ihren Sohn gefahren ist, der sich mit sonderbaren Leuten abgibt und umgibt. Maria wird immer neu herausgefordert. Sie versteht vieles nicht, was Gott ihr zumutet – damals durch den Engel Gabriel und jetzt durch ihren Sohn. Durch das Hören auf die Worte Gottes aus des Engels Mund, durch das Hören auf ihren Sohn wächst sie immer tiefer in das Geheimnis Gottes hinein, erkennt Gottes Willen und spricht immer wieder neu, tapfer und treu ihr Ja. Und so reift sie zu einer starken Frau heran, ähnlich einem starken Baum, der fest verwurzelt dasteht. Maria Dreieichen, ein Bild für Maria und alle, die Stürmen trotzen und sich von niemandem und nichts aufhalten und abhalten lassen, sondern standhalten, mag kommen, was will.

Stille

ROSENKRANZGEBET

Lied Maria, dich lieben (GL 521)

Gesätz frei formuliertes Geheimnis:
Jesus, der uns den Willen Gottes lehrt

Ruf Ave, ave, ave Maria *(s. S. 13)*

Lied Meine engen Grenzen (GL 437)

ABSCHLUSS

Gebet

Gepriesen bist du, Gott, Schöpfer der Welt. Du gabst uns Maria zum Vorbild. Wie sich ein Baum im Erdreich verwurzelt und Halt und Bestand findet, so fand Maria Halt in dir. Hilf uns, ihrem Beispiel zu folgen, damit unser Leben gelingt und unser Glaube, unsere Liebe und unsere Hoffnung Zeichen einer besseren Welt werden. Darum bitten wir durch Jesus Christus, unseren Bruder und Herrn.

Segenswort

Gott, auf die Fürbitte Marias segne alle, die
nach deinem Willen fragen und suchen,
segne alle, die deinen Willen nicht verstehen
und im Dunkeln gehen,
segne alle, die Stürmen trotzen, nicht aufgeben
und standhalten,
segne alle, die mutlos und entkräftet nicht
weiterkönnen,
segne alle, um die wir uns sorgen, mit denen
wir hoffen und bangen,
segne alle, mit denen wir in Freud und Leid
verbunden sind
im Namen des Vaters und des Sohnes und des
Heiligen Geistes. Amen.

Lied

Segne du, Maria (GL535)

WAS IHR MEINEN GERINGSTEN BRÜDERN UND SCHWESTERN GETAN HABT

ANDACHT ZU MARIA IM ELEND

Altar der Wallfahrtskirche Maria im Elend im Gemeindegebiet von Baar/Schwaben

ERÖFFNUNG

Lied Maria, Mutter unsres Herrn (GL 530)

Kreuzzeichen Mit Maria, die uns das Christsein lehrt, sind wir versammelt im Namen des Vaters und des Sohnes und des Heiligen Geistes. Amen.

Einführung Maria im Elend – so nennt sich die Wallfahrtskapelle zwischen Baar und Thierhaupten im schwäbischen Landkreis Aichach-Friedberg.
Im Spanischen Erbfolgekrieg von 1701 bis 1714 sorgte Mangel an Nahrung für Elend im ganzen Land. Das Schlossgut Unterbaar besaß nur noch wenige Kühe, die der Kuhhirt Nikolaus Kiegele mit Sorgfalt hütete. Eines Tages entliefen ihm drei Kühe, die er voller Verzweiflung suchte und wie durch ein Wunder in einer Waldlichtung fand. Dort errichtete er eine Kapelle mit einer Muttergottesstatue, vor der er täglich den Rosenkranz betete. Die jetzige Kapelle stammt aus dem Jahr 1957. Sie ist Ziel von regelmäßigen Wallfahrten und wird alljährlich Ende Mai von Kameraden- und Soldatenvereinen aufgesucht sowie von Gläubigen, die im stillen Gebet ihre Zuflucht zu Maria nehmen.

Gebet Gütiger Gott, unter den Demütigen und Armen ragte die selige Jungfrau Maria hervor. Du hast sie zur Mutter des Erlösers erwählt. Gib, dass wir nach ihrem Beispiel uns den Menschen im Elend zuwenden und unsere ganze Hoffnung auf dich setzen. Darum bitten wir durch ihn, Jesus Christus, deinen Sohn, unseren Herrn und Gott, der in der Einheit des Heiligen Geistes mit dir lebt und herrscht in alle Ewigkeit. Amen.

Vgl. Tagesgebet aus dem MB Marienmessen „Maria, die auserwählte Tochter Israels“ (S. 4)

Lesung Matthäusevangelium 25,31–40

Gedanken zur Lesung

„Was ihr für einen meiner geringsten Brüder und Schwestern getan habt, das habt ihr mir getan." – Daran wird sich letztlich unser Schicksal entscheiden. Das Evangelium sagt nicht ausdrücklich, dass Maria Hungrigen, Durstigen, Fremden, Nackten, Kranken, Gefangenen geholfen hat; vielmehr setzt es dies voraus. Denn sie ist diejenige, die vom ersten bis zum letzten Tag mit Jesu Leben und Weg verbunden ist, der stets zu den Armen, Bedrängten und verzweifelten führt. Deshalb ist sie uns Vorbild; blicken wir auf sie, wenn es uns schwer wird, den Weg Jesu mitzugehen, von uns selbst abzusehen und für andere da zu sein.

Lied Selig seid ihr, wenn ihr Wunden heilt (GL 459) *oder* Was ihr dem geringsten Menschen tut (KG 601)

Litanei *Maria – und das Elend der Menschen*

Verfolgte – im Elend von Krisen- und Kriegsgebieten: Maria, bitte für sie!

A Maria, bitte für sie!

Hungernde – arm und obdachlos.
Kranke – in Spitälern und Heimen.
Straftäter – beladen mit Delikten und Schuld.
Gefangene – die Verbrechen abbüßen.
Ausgebeutete – in Prostitution und als Arbeitssklavinnen.
Süchtige – abhängig und rastlos.
Geizige – nimmersatt und knauserig.
Hochmütige – eingebildet und überheblich.
Betagte – allein und ausgegrenzt.
Trauernde – ungetröstet und hoffnungslos.
Sterbende – in ihrer Todesstunde.

ROSENKRANZGEBET

Lied Brich dem Hungrigen dein Brot
(KG 598; GL-Eigenteile der Diözesen; Liederbücher)

Gesätz frei formuliertes Geheimnis:
Jesus, der in unser Elend kommt

Ruf Ave, ave, ave Maria *(s. S. 13)*

Lied Meine engen Grenzen (GL 437)

ABSCHLUSS

Gebet „Meine Seele preist die Größe des Herrn, und mein Geist jubelt über Gott, meinen Retter. Denn Großes hat er an uns getan, und sein Name ist heilig." Mit den Worten Marias stimmen wir ein in den Lobpreis deiner Herrlichkeit, guter Gott. Lass uns ihrem Beispiel folgen, damit wir in jedem Bedürftigen deinen Sohn, Jesus Christus, erkennen.

Segenswort Gottes Segen breite sich aus auf alle, die weltweit in Elend, Armut, Krieg und Not unterwegs sind.
Gottes Segen umgebe alle, die sich in Spitälern, Kliniken, Erholungsstätten und Heimen aufhalten.
Gottes Segen lege sich über alle Kranken, Einsamen und an Leib und Seele Bedürftigen.
Gottes Segen umfange Jung und Alt.
So segne uns alle auf die Fürbitte unserer himmlischen Mutter der gnädige und barmherzige Gott, der Vater, der Sohn und der Heilige Geist. Amen.

Schlusslied Mit dir, Maria, singen wir (GL-Eigenteile der Diözesen; Liederbücher)
Gotteslob wandert (Magnificat) (KG 762)

IN STEIN GEMEISSELT

ANDACHT ZU MARIA IM STEIN

Lächelnde Madonna in der Gnadenkappelle des Benediktinerklosters Mariastein/Schweiz, 18. Jahrhundert

ERÖFFNUNG

Lied Ein Bote kommt, der Heil verheißt (GL 528)

Kreuzzeichen Mit Maria, die uns ein Vorbild ist, sind wir versammelt im Namen des Vaters und des Sohnes und des Heiligen Geistes. Amen.

Einführung Der Ursprung des Marien-Wallfahrtsortes Mariastein im Dreiländereck (Schweiz/Deutschland/Frankreich) geht bis ins 14. Jahrhundert zurück. Die Legende berichtet, dass ein Kind, das über den Felsen stürzte, durch das Eingreifen der Gottesmutter Maria vor dem sicheren Tod bewahrt wurde. 1434 wird die Gnadenstätte *im Stein* erstmals erwähnt. Die Menschen pilgern zum Gnadenbild der lächelnden Madonna in einer unterirdischen Grotte. Auf dem Felsen steht das Benediktinerkloster mit der barocken Kloster- und Wallfahrtskirche.

Gebet Gott, heiliger Vater, nach deinem wunderbaren Ratschluss wurde dein Sohn von einer Frau geboren und war ihr gehorsam. Lehre uns, tiefer in das Geheimnis des menschgewordenen Wortes einzudringen und aus der Gemeinschaft mit ihm auf Erden ein Leben in Gemeinschaft derer zu führen, die uns brauchen. Darum bitten wir durch ihn, Jesus Christus, deinen Sohn, unseren Herrn und Gott, der in der Einheit des Heiligen Geistes mit dir lebt und herrscht in alle Ewigkeit. Amen.

Vgl. Tagesgebet aus dem MB Marienmessen „Maria von Nazaret“ (S. 49)

WORT-GOTTES-TEIL

Lesung Lukasevangelium 1,26–38

Gedanken zur Lesung

Was in Stein gemeißelt ist, hat eine sehr lange Dauer, vergilbt und verbleicht kaum. So ähnlich ist es mit dem soeben gehörten Evangelium. Regelmäßig Gottesdienst Mitfeiernde hören diesen Text sehr oft, und von Kindesbeinen an ist er uns vertraut. Zu dieser Vertrautheit tragen auch die unzähligen Bilder vom Engel, der Maria ihre Mutterschaft verkündet, bei. Die Tatsache einer Schwangerschaft gehört zum Urgestein des menschlichen Lebens. Mit einer Schwangerschaft tritt neues Leben in die Welt hinein, Leben, das letztlich vom Schöpfergott gewollt ist. Wir glauben, dass das neue Leben, das in Maria heranwächst, ganz und gar gottgewirkt, Gott selber ist. Auch diese Wahrheit gehört für uns Christen zum Urgestein unseres Glaubens: Das ewige Wort des Vaters wird in Jesus Mensch im Schoß Marias, weil Gott von je her uns Menschen liebt, bei uns und mit uns sein will. Gottes Liebe zu uns Menschen ist in Stein gemeißelt und hält nicht nur sehr lange, sondern dauert bis heute an und bleibt zu aller Zeit bis in Ewigkeit. Maria im Stein mit ihrem Kind zeigt uns diese Wahrheit der ständigen und alles überdauernden Liebe Gottes zu seiner Schöpfung, zu uns Menschen.

Lied Solang es Menschen gibt auf Erden (GL 425)

Meditation Dein Lächeln, Maria, verzaubert mich. Du bist mit dir und deinem Leben im Reinen. Deine aufrechte Haltung strahlt Würde und Freiheit aus, deine königliche Gestalt und die königlichen Insignien, Krone und Zepter, sind Zeichen deiner Vollendung im Reich Gottes – Leben in Fülle. Dein offener Blick ist – wie der deines Sohnes – auf mich, auf uns und auf die Zukunft ausgerichtet. Du lehrst uns, wie Leben gelingt: In der Bindung an Jesus Christus, in seiner Nachfolge finden wir uns selbst, erlangen Freiheit und Würde und Gemeinschaft untereinander. Und so sind auch wir unterwegs zur Vollendung und folgen deinem Beispiel.

ROSENKRANZGEBET

Lied Ave Maria, gratia plena (GL 537; KG 748)

Gesätz 1. Geheimnis des freudenreichen Rosenkranzes: Jesus, den du, o Jungfrau, vom Heiligen Geist empfangen hast.

Ruf Ave, ave, ave Maria *(s. S. 13)*

Litanei Grüssauer Marienrufe (GL 568)

Vaterunser

Lied Mädchen du, in Israel (KG 757; Liederbücher)

ABSCHLUSS

Gebet Gott, in der Nachfolge deines und ihres Sohnes hat Maria ihr Glück gefunden, den Weg zu vollendetem Menschsein. Stärke auch uns auf diesem Weg, der dereinst zum Ziel in deinem Reich führt. Darum bitten wir durch Jesus Christus, unseren Bruder und Herrn.

Segenswort Der Segen des Schöpfergottes und seines eingeborenen Sohnes, empfangen durch den Heiligen Geist, geboren von der Jungfrau Maria, bleibe mit uns jetzt und in Ewigkeit. Amen.

Schlusslied Erhebt in vollen Chören (KG 756) *oder*
Maria, dich lieben (GL 521)

ANHANG

GEDANKEN ZUM HOCHFEST DER OHNE ERBSÜNDE EMPFANGENENEN JUNGFRAU UND GOTTESMUTTER MARIA (8. DEZEMBER)

FREIHEIT UND GESCHÖPFLICHKEIT
Berufen, aufrecht vor ihm zu stehen und ihm zu dienen

Lesung *Genesis 3,9–15.20*

Gedanken zur Lesung
Sie fragen sich vielleicht, was diese Lesung mit dem heutigen Festtag in der ersten Adventshälfte zu tun hat. Die Lesung erzählt in einem Bild, wie der Mensch sich bis zum heutigen Tag Gott gegenüber verhält. Da wird erzählt, dass Gott Adam sucht. Adam ist der Mensch, der aus der Adamah (hebräisch Erde) gebildet wird. Adam ist also der Erdling, weil er aus Erde geformt ist. Adam, Erdling, sind wir alle. Diesem Erdling, dem Geschöpf Gottes, geht Gott nach, kümmert sich um ihn, fragt, „wo bist du?" Es handelt sich hier nicht um eine Frage nach einer Ortsbestimmung. Wir bezeichnen den Ort, wo Adam und Eva wohnen ja als Paradies. Doch die Frage Gottes: *„Wo bist du?"* heißt im übertragen Sinn, in welchem Verhältnis stehst du zu mir, zu deiner Frau Eva, zu deinen Mitgeschöpfen. Die Antwort der Menschen hört sich im Laufe des Zwiegespräches mit Gott enttäuschend an. Zuerst beschuldigt Adam seine Frau und die Frau die Schlange, ein Tier, das auch zur Schöpfung Gottes gehört. Die Menschen verantworten ihr Tun nicht, sondern schieben die Schuld auf andere ab. „Ich doch nicht, meine Partnerin, mein Partner ist schuld. Ich wurde verführt." Und es kommt noch besser bzw. noch schlimmer: Implizit schiebt Adam die Schuld Gott in die Schuhe, denn schließlich hat Gott ihm diese Partnerin zur Seite gestellt. Auch hat Gott alle Geschöpfe gemacht und „ich – Adam – habe auf diese gehört und bin fehlgeleitet worden, was kann ich da dafür? Du, Gott und Schöpfer

aller Dinge, hast das letztlich zu verantworten." Und tatsächlich: Gott nimmt diese Verantwortung auf sich. Er steht voll und ganz zu seiner Schöpfung, zu den Menschen, die er als seine Partner und Partnerinnen mit Freiheit und Würde erschaffen hat. Er lässt uns Menschen bis heute die Freiheit, sucht nach uns und begleitet uns auf unseren Ab- und Irrwegen.

Schon am Schluss der Lesung hören wir, wie Gott seinen Schöpfungsplan fortsetzt. Er verheißt den Menschen den Sieg über Verderben, Untergang und Tod. Zum Leben und Überleben, für die Ewigkeit hat Gott uns geschaffen, denn der Nachwuchs der Frau, die nun Eva – Leben – genannt wird, wird den Nachwuchs der Schlange – ein Bild für alles Böse – empfindlich am Kopf treffen. Das Böse ist bis heute ein Gegenspieler Gottes. Überall dort, wo der in Freiheit geschaffene Mensch sich gegen die Mitgeschöpfe entscheidet, kommt es traurig und verkehrt heraus, alles wird durcheinandergebracht. Gottes Schöpfungsplan wird über den Haufen geworfen, und so wird dem Diabolos, dem Durcheinanderbringer in die Hände gespielt. Gott aber hat uns als seine Mitspieler und Mitspielerinnen erschaffen, und wir sollten uns als gute Sachwalter und sorgsame Hüterinnen dort, wo er uns hinstellt, bewähren. Ein Beispiel wird uns in Maria, der neuen Eva, gegeben. Der Engel grüßt sie mit „Ave", und dieses Ave wendet Evas Los, heißt es in einem Hymnus im kirchlichen Stundengebet. Eva rückwärts gelesen heißt Ave, und so grüßt der Engel Maria. Was Gott also im ersten Buch der Bibel verheißen hat, erfüllt sich in Maria bzw. in Jesus Christus, ihrem Sohn.

In der Lesung antwortet der Mensch (Adam) auf die Frage Gottes: *„Wo bist du?"* mit: *„Ich habe deine Schritte gehört im Garten; da geriet ich in Furcht, weil ich nackt bin, und versteckte mich".* Maria erschrak auch über die Anrede des Engels, überlegte, fragte und antwortete schließlich: *„Ich bin die Magd des Herrn; mir geschehe, wie du es gesagt hast."* Mit ihrem Ja-Wort willigt sie ein in den Plan Gottes mit ihr, dem Geschöpf Gottes. Im Gegensatz zu Adam anerkennt und bejaht sie in aller Freiheit ihr Geschöpfsein, und durch ihr freies Ja kann sie sich als Geschöpf verwirklichen. Adam und Eva hingegen wollen sich selber gottgleich machen, wollen Gott gleich werden, indem sie ihr Geschöpfsein nicht bejahen und sich an die Stelle des Schöpfers setzen wollen. In diesem Zusammenhang wird von der Erbsünde gesprochen, die ausgehend von Adam und Eva alle Menschen erfasst hat, die dadurch des Paradieses verlustig gegangen sind. Nochmals: Adam und Eva sind Bezeichnungen für uns Menschen, die Gott als freie Geschöpfe erschaffen hat. Wir sind jeden Tag gefragt, ob wir – wie Adam und Eva – uns in unserer Freiheit gegen unser Geschöpfsein auflehnen, also unser Geschöpfsein ablehnen und selber bestimmen wollen (entschuldigen Sie bitte den Ausdruck), wo Gott hockt oder ob wir – wie Maria – unser Ja in voller Freiheit sprechen zu Gott und seiner Schöpfung, zu Gott und seinem Willen, den wir in einem aufmerksamen und einfühlenden Miteinander erkennen.

Der heutige Festtag nennt sich *Hochfest der ohne Erbsünde empfangenen Jungfrau und Gottesmutter Maria.* Da begegnen wir ihr wieder, der Erbsünde, vor der Gott Maria bewahrt hat oder anders gesagt: Gott hat Maria begnadet, gleichsam mit dem Mantel der vollen Menschenwürde bekleidet und so sprach sie ihr Ja. Erinnern wir uns an Adams Antwort an Gott: *„Ich habe deine Schritte gehört im Garten; da geriet ich in Furcht, weil ich nackt bin."* Im Garten, im Paradiesgarten ist Gott unterwegs, und Gott begleitet Adam und Eva – uns – über den Paradiesesgarten hinaus und in den Paradiesesgarten hinein.

Es freut ihn, wenn wir paradiesische, also beglückende Erfahrungen erleben und einander schenken, wenn wir mitbauen an einer paradiesähnlichen Welt schon hier und jetzt. Der schon lange dauernde Krieg in der Ukraine könnte uns auch zum friedlichen Gegenteil wachrütteln. Wir dürfen uns – gerade, weil wir uns vermutlich alle in dieser Situation machtlos fühlen – mit diesem Teufelswerk nicht abfinden. Diese größenwahnsinnigen Machenschaften sind ein eindrückliches Bild, das uns zeigt, was wir verlieren, wenn wir uns an die Stelle Gottes setzen wollen. Im heutigen Fest wird uns gezeigt, was wir gewinnen, geschenkt bekommen, wenn wir schlicht und einfach unser Geschaffensein annehmen, ja sagen zu dem, was uns heute und jetzt aufgetragen ist. Die Kraft dazu erbitten wir in diesem Gottesdienst, in der Feier der Gemeinschaft, in persönlicher Meditation, im Gebet.

Liebe Mitfeiernde, Maria wurde vor allem in der Vergangenheit als demütige Magd verehrt. Diese Vorstellung kommt uns verstaubt vor, und gerade Frauen hatten und haben Mühe mit einem solchen Frauen-Vorbild. Gott will alle Menschen – Männer *und* Frauen – als aufrecht Stehende und nicht als zerknirschte und demütig in den Staub Gebeugte. Das verschmähte Wort „Demut" kommt vom lateinischen Wort „Humilitas", und im Wort Humilitas steckt das Wort Humus, Boden, Erde. Jetzt sind wir wieder bei Adam angekommen, hebräisch:

der Erdling. Demütig ist Maria, sind wir, wenn wir unser Geschöpfsein bejahen. Ja, wir sind Staub, und Gott hat uns mit Freiheit und Menschenwürde ausgestattet. Gott selber ist in Jesus Christus Mensch geworden. Wir ehren Gott am schönsten, wenn wir – wie Maria – ja sagen zu unserem Menschsein mit unseren menschlichen Grenzen, mit unseren Schwächen, Fehlern, Sünden und unserer Bedürftigkeit. Gott hat uns seinen Sohn geschenkt, und in dieser Zuwendung ist er wunderbar und bleibend an unserer Seite. Gott hat uns Menschen mit unseren Ecken und Kanten erhöht, weil er uns bedingungslos liebt. Maria ist uns Vorbild. Wie sie wollen wir unser Ja als Geschöpf Gottes leben und uns in der Nachfolge Jesu als seine Schwestern und Brüder bewähren und so ist das Paradies nicht verloren und verwirkt, im Gegenteil: Es liegt vor uns und breitet sich aus auf der Erde.

JA SAGEN UND JA LEBEN

Mitarbeiterinnen und Mitarbeiter an Gottes Schöpfungs- und Heilsplan sein

Lesung *Eph 1,3–6.11–12*

Gedanken zur Lesung

Das heutige Fest passt so ganz und gar nicht in den momentanen Kontext unserer Zeit. Um uns toben Kriege und die kirchlichen Schlagzeilen von sexuellem, spirituellem und geistigem Machtmissbrauch machen uns sehr zu schaffen. Wir fragen uns: Wo führt das alles hin? Und ertappen uns beim Gedanken: Es wird immer schlimmer und geht bergab – in Kirche und Welt. Was kann uns jetzt in diese fatale Situation hinein das heutige Fest der *ohne Erbsünde empfangenen Jungfrau und Gottesmutter Maria* sagen? Auf den ersten Blick sind wir mit einer sündenlosen Maria heillos überfordert. Rund um uns Sünde infolge von Verbrechen und Kriegsgräueln und trotzdem sind Sie, liebe Schwestern und Brüder, anlässlich des heutigen Feiertages hierher zum Gottesdienst gekommen, weil es anscheinend doch etwas zum Feiern gibt. Nur was?

Wir feiern eine Frau, die mutig, überzeugt, aus ganzem Herzen ein Ja-Wort spricht. Wie gerne würden wir doch ein Ja-Wort, eine Einwilligung zum Schweigen der Waffen und zu echten Friedensverhandlungen hören. Stattdessen wird hüben und drüben getötet und somit ein lebensvernichtendes Nein gelebt. Größer könnte der Kontrast zum heutigen Evangelium also kaum sein. Das Leben bejahende Ja Marias steht im Widerspruch zum Leben verneinenden und Leben tötenden Nein. Weil Maria sich dem Leben schenkenden Geist Gottes öffnet, ist sie fähig zu ihrem großherzigen Ja, damit Gott durch sie und mit ihr in der Welt ankommen und handeln kann. Das heutige Evangelium ist nicht bloß eine biblische Erzählung von einer wunderbaren Begebenheit vor gut 2000 Jahren in Nazaret. Das Evangelium will heute uns und jeden Menschen einladen, ein Leben schenkendes Ja zu sprechen. Gott lädt alle Menschen ein, seinen Schöpfungsplan mit ihm zu verwirklichen. Ja, Maria hat Jesus geboren, Christus, den Gott mit uns. In Jesus ist Gott in die Welt gekommen, und wir glauben, dass der Auferstandene in der Kraft des Geistes mit uns durch die Zeiten schreitet.

Ähnlich wie Gottes Geist damals Maria mit göttlichem Leben erfüllte, so ist Gottes Geist auch mit uns. Diese Kraft Gottes wirbt auch um unser Ja und begegnet uns in Engeln ohne Flügel, denn seit Jesu Menschwerdung begegnet uns Gott vornehmlich in den Mitmenschen. Gott hat seinen Heilsplan damals an Marias Ja-Wort gebunden. Bis zum heutigen Tag bindet sich Gott an seine Geschöpfe, die er geschaffen hat, weil er nicht im Alleingang, sondern mit uns zusammen Heil schaffen und schenken will. Die heutige Lesung sagt es schön und klar: *Gott hat uns mit allem Segen seines Geistes gesegnet. Er hat uns erwählt vor der Erschaffung der Welt, damit wir heilig und untadelig leben.* Wir feiern heute das heilige und untadelige Leben Marias und machen uns bewusst, dass das auch unsere Berufung ist.

Liebe Mitfeiernde, unsere Berufung ist wunderbar, gut und recht, doch fühlen wir uns streckenweise überfordert und möchten manchmal kneifen oder sogar kapitulieren. Was hilft uns und der Welt das Ja Marias? Kann unser gelebtes Ja etwas ausrichten angesichts des lebensverneinenden Neins, das uns in den Nachrichten täglich vor Augen geführt wird? Wir fühlen uns ohnmächtig, unser Ja ist wie ein Tropfen, der auf einem heißen Stein verdampft. Ging es Jesus nicht ähnlich? Er zog Wohltaten spendend durchs Land, ermutigte Gebeugte und Niedergeschlagene zu aufrechtem Gang, zu neuem Leben, und erfuhr selber am eigenen Leib das Leben vernichtende Nein der Machthaber dieser Welt.

Gott hat die Menschen als freie Geschöpfe erschaffen und dabei bleibt er. Er beschneidet unsere Freiheit und Gottebenbildlichkeit nicht. Jeder Mensch ist mit unverlierbarer Menschenwürde beschenkt. Weil Gott unendlich liebt, kann er es sich leisten, auf seine Allmacht zu verzichten. Mit aller Macht der Liebe hat er sich – gerade auch in Jesus Christus – an uns Menschen gebunden, und er bleibt sich und seinem Schöpfungs- und Heilsplan treu. Er liefert sich in die Hände der Menschen aus, wir feiern dies an Weihnachten, in der Karwoche, wir feiern es in jeder Eucharistie. Gott legt sich – augenfällig beim Empfang der hl. Kommunion – in unsere Hände. Er hat sich damals ganz Maria ausgeliefert. Er liefert sich bis zum heutigen Tag an die Menschen aus. Maria hat ihm eine würdige Wohnung bereitet. Durch sie leuchtet Gott in der Welt auf.

Heute ist jeder und jede von uns gefragt, Gott in der Welt von heute aufleuchten zu lassen. Wir, die wir immer wieder in das Lob Gottes einstimmen, sind berufen – wie die heutige Lesung es auch sagt – selber ein Lob Gottes zu sein, und das sind wir, wenn wir uns mit Gott zusammenspannen, in seinen Heilsplan einwilligen, den er mit uns Menschen zusammen verwirklichen will. Sie kennen vermutlich alle auch das Gebet aus dem Mittelalter, in dem es heißt: *Christus hat keine Hände, nur unsere Hände, um seine Arbeit heute zu tun. Er hat keine Füße, nur unsere Füße, um Menschen auf seinen Weg zu führen. Er hat keine Lippen, nur unsere Lippen, um Menschen von ihm zu erzählen. Er hat keine Hilfe, nur unsere Hilfe, um Menschen an seine Seite zu bringen.*

Wir feiern heute Maria als strahlendes Vorbild, als Frau und Mutter, die als Mensch ihr Ja gegenüber Gott gesprochen und gelebt hat und dadurch auch den Menschen gedient hat, denn ihr Ja hat sich heilsam auf alle Menschen ausgewirkt.

Nun nochmals zurück zum Anfang meiner Gedanken: Jedes gesprochene und gelebte Ja und jedes Nein-sagen und Nein-leben wirkt sich auf andere und auf Gottes Heilsplan aus. Wir sind gefragt wie Maria. Auch an unserem Ja hängt das Heil der Mitmenschen. Die Leben tötende Kriegsmaschinerie stellt uns das Gegenteil – das Unheil für die Menschen – drastisch vor Augen.

Zum Schluss – ohne meine Gedanken abzuschwächen – füge ich mit voller Überzeugung hinzu, dass Gott zwar seinen Schöpfungs- und Heilsplan mit uns zusammen verwirklichen will. Er kennt in seiner unerforschlichen und unergründlichen Liebe jedoch Wege und Auswege, die uns in der irdischen Zeit verborgen sind. Gottes Heilsabsicht wird über diese Welt und Zeit hinaus ans Ziel kommen. Diese

Verheißung ist uns gegeben im Wort Gottes, das der Engel zu Maria und zu uns spricht: *Fürchte dich nicht, denn du hast bei Gott Gnade gefunden.* Gnade, das heißt überfließende Liebe und Barmherzigkeit wird Gott uns schenken, damit wir in einem Prozess der Läuterung und Heiligung erkennen, was wir mit unserem Ja bewirkt und unserem Nein angerichtet haben. Gott wird uns in seinem Licht endgültig erkennen und erfassen lassen, dass unser Ja gefragt bleibt und zusammen mit Gottes unverbrüchlichem Ja sich sein Heilsplan erfüllen wird.

Quellen- und Bildnachweis

Die ständige Kommission für die Herausgabe der gemeinsamen liturgischen Bücher im deutschen Sprachgebiet erteilte für die aus diesen Büchern entnommenen Texte die Abdruckerlaubnis.

S. 16: *Zum Bild:* Vgl. Wolfgang Beinert / Heinrich Petri (Hg.), Handbuch der Marienkunde, Band 2, Regensburg 1997, 394

S. 18–20: *Wechselgebet:* Hans Bauernfeind, Gebet zur Maria-Hilf-Woche des Bistums Passau. Mit freundlicher Erlaubnis des Autors

S. 23: *Einführung:* Vgl. Handbuch der Marienkunde, Band 2, 456 f.

S. 57 f.: *Meditation zur Lesung:* Gudrun Kropp, Der empfindsame Weihnachtsbaum. Ungewöhnliche Geschichten, Gedichte & Gedanken zur Advents- und Weihnachtszeit, München 2005

S. 74: *Meditation:* Silja Walter, Churer Marienbuch, Chur 1988

Soweit nicht anders vermerkt, sind die Abbildungen gemeinfrei und wurden aus wikipedia.commons übernommen.

Abb. S. 22: stock.adobe.com/Renáta Sedmáková
Abb. S. 29: Adobe.stock (unclesam)
Abb. S. 35: Paolo Galosi/Romano Siciliani/KNA. 2021, KNA GmbH, www.kna.de
Abb. S. 41: stock.adobe.com/starryvoyage
Abb. S. 70: stock.adobe.com/Stripped Pixel

Trotz gewissenhafter Recherche ist es uns leider nicht in allen Fällen gelungen, die Rechteinhaber einiger Texte ausfindig zu machen. Berechtigte Ansprüche richten Sie bitte an den Verlag.